나의 첫 질문

국어공부
어떻게 해야 할까요?

【프롤로그】

중국 송나라시대 정치가이고 당송팔대가인 구양수는 글을 잘 짓는 방법을 3다(多)라고 했습니다.
① 다독(多讀) : 많이 읽다
② 다작(多作) : 많이 쓰다
③ 다상량(多商量) : 많이 생각하다
즉 책을 많이 읽다보면 어휘력이 풍부해져 생각의 폭이 넓어지고, 또한 생각이 깊어지고,
자연히 하고 싶은 말이 많아지게 되면서 보여주고 싶은 글을 잘 짓게 된다는 것입니다.
이 말은 "국어공부 어떻게 해야 할까요?" 질문에 대한 답변과 맞먹는 말입니다.
미래의 약속은 어휘력·문해력·문장력입니다.

[1] 국어공부 어떻게 해야 할까요?

초등학생들에게 국어공부는 만만하기도 하면서 어렵기도 한 과목이다.
초등 국어에서는 읽기, 쓰기, 듣기, 말하기를 중심으로 문학과 문법을 공부한다. 또한 1학년부터 6학년까지 다양한 종류의 글을 어떻게 읽어야 할지를 가르치고 있다. 이를 통해 어휘력과 문해력, 발표력 등 학습의 기본적인 틀을 만들고 평생의 언어용 능력을 키운다. 국어공부가 중요한 이유다. 국어는 모든 과목의 기초가 된다. 그래서 국어공부를 못하는 아이는 어휘력과 문해력, 발표력이 부족한 결과이기 때문에 다른 과목도 잘할 수가 없다.
국어 교육과정은 읽기, 쓰기, 듣기, 말하기를 바탕으로 문학, 문법 영역으로 구분되어 있다. 하지만 실제로 아이들이 이렇게 세분화 된 영역에 대해서 알기는 어렵다. 물론 선생님은 수업시간에 무엇을 배워야 하는지 수업목표에 대해서 일러주지만 영역과 관련지어 궁극적으로 아이들이 도달해야 할 목표가 무엇이고 어디까지인지 알기는 어려운 일이다. 이것은 초등학생, 중학생, 고등학생까지 국어공부를 하는 학생들이면 비슷하지 않을까 싶다. 학창시절 국어공부가 힘들었고, 수능에서도 언어영역 때문에 애를 먹었던 경험이 있을 것이다.
사실, 국어과목은 배울 것이 많고 실제로 교육과정에서도 가장 많은 시간을 할애하고 있다. 그렇다고 아이들에게 국어를 좋아하느냐고 물어보면 그렇다고 대답하는 아이들이 별로 없다. 그도 그럴 것이 수학은 계산을 통해서 정답이 정확하게 도출되고, 통합교과는 움직임 활동이나 조직활동이 주가 되기 때문에 나름대로 배우는 즐거움이나 자기 만족이 있지만, 국어는 이 두 가지 모두가 불분명하고 거기에 학기초부터 일기, 독서감상문 등 숙제까지 내주니 아이들의 입장에서는 무엇을 배우고 있는지 공부를 어떻게 해야 하는지 뚜렷한 방향이 보이지 않고, 지루하고 답답하게만 느껴지는 과목이다.
여기서 짚고 넘어가야 할 부분은 1968년 국어교과서(문교부 발행)부터 2002년국어교과서 (서울대학교 국어교육연구소 발행)까지 초등학교, 중학교, 고등학교 국정도서 국어교과서의 차례를 살펴보면 논설문, 설명문, 기행문, 생활문, 편지글, 일기, 동시, 동화, 희곡, 관찰기록문, 독서감상문, 웅변연설문 등으로 집약되며 여기에 해당 장르의 다양한 지문이 나오고, 그와 관련한 여러가지 활동들이 제시되고 있다. 국어공부의 영역을 포함한 총체적인 맥락, 그리고 어느 정도의 디테일까지 파악할 수 있다.

[2] 국어공부에서 중요한 것은 무엇일까요?

그렇다면 "국어공부에서 중요한 것은 무엇일까요?" 바로 꾸준한 독서를 통한 읽기 능력과 문해력, 어휘력을 갖추어야 하는 것이다.

국어시험은 지문의 내용을 제대로 이해했느냐를 묻는 문제가 대부분이라서 평소 꾸준하게 책을 읽어온 아이들에게는 크게 문제가 되지 않지만, 평소 책을 읽지 않은 아이들에게는 막막하게 다가올 것이다.

게다가 학년이 올라갈수록 지문은 길어지고 깊이는 깊어지기 때문에 국어는 점점 힘든 과목이 되어간다. 그래서 평소 책을 읽을 때는 문학작품 외에도 정보를 전달하는 글, 주장하는 글을 포함한 논설문, 설명문, 기행문, 생활문, 편지글, 일기, 동시, 동화, 희곡, 관찰기록문, 독서감상문, 웅변연설문 등 다양한 글을 접해 보도록 해야 한다. 예를 들어 논설문은 「기미독립선언문」, 「최현배의 겨레의 얼과 말」, 설명문은 「조지훈의 소재와 표현」, 「신일철의 논리적 사고」, 기행문은 「정비석의 산정무한」, 「이은상의 산 찾아 물 따라」, 일기는 「난중일기」, 「안네의 일기」, 희곡은 「유치진의 원술랑」, 「오 헨리의 마지막 한 잎」, 관찰기록문은 「파브르의 곤충기」, 「시턴의 동물기」, 웅변연설문은 「링컨의 게티즈버그 연설」, 「마틴 루터 킹목사의 나에게는 꿈이 있습니다」 등 장르별로 찾아서 읽어 보기를 권한다. 그러면 자연스럽게 개념 정리도 되고, 사실과 의견을 구분하게 되고, 생각이나 느낌을 글로 표현하는 방법도 익히게 된다.

아울러 국어과목에 자신감을 갖기 위해서는 교과서에 실린 지문의 원래 작품을 찾아 읽는 것은 큰 도움이 된다. 교과서에는 글의 일부분만 실리는 경우가 있기 때문에 원래 작품을 찾아 전체를 읽어보면 글을 더욱 풍부하게 제대로 감상할 수 있고, 글의 구성과 앞뒤 상황이 맞춰져 있는 글을 읽을 수 있어 이해의 폭도 넓어진다.

[3] 국어공부를 통해서 다다르고자 하는 궁극의 가치는 문해력과 자기표현입니다.

문해력이 장르별 지문을 해석하여 문제를 푸는 것으로 평가한다면, 자기표현은 논리적인 말하기가 포함된 글쓰기인 논술이다. 아시겠지만 선진국에서는 모든 시험을 우리나라처럼 객관식이 아닌 에세이로 치른다.

솔직히 어떤 과목이든 그 공부의 궁극적인 목표가 무엇인지 생각하는 친구들은 거의 없다. 그저 하기 싫지만 해야만 하는 것이고, 뭐가 됐든 자기자신에게 도움이 된다고 생각하고 있기 때문에 울며 겨자 먹기로 하는 친구들이 대부분 일것이다.

그래서 "국어공부 어떻게 해야 할까요?" 라고 묻는다면 너무도 뻔한 대답일지 모르겠지만 꾸준한 책읽기와 글쓰기연습이라고 말하고 싶다.

우선 책읽기를 통해 전반적인 문해력을 기를 수 있고, 일기쓰기, 독서록쓰기 등 다양한 글쓰기를 통해 표현력을 향상 시킬 수 있을 것이다. 하지만 이 두 가지 모두를 스스로 재미를 느껴 꾸준히 하기에는 어려움이 많을 것이다.

특히 책읽기는 읽기의 재미를 붙일 때까지 적절한 도움과 관심이 필요한 부분이다. 책에 관심을 가질 수 있도록 자주 노출시켜 주고, 저학년들은 스스로 책읽기를 힘들어 한다면 '독서에 흥미를 느낄 때까지' 귀찮더라도 반복해서 자주 읽어주고 새로운 형태의 책을 권해보는 것도 하나의 방법이라고 할 수 있다. 지금은 종이책(Paper book), 전자책(Electronic book), 듣는책(Audio book) 등 여러가지 형태로 책이 출간되기 때문에 아이가 좋아하는 형태의 책을 선택하여 책읽기에 흥미를 가질 수 있도록 하거나, 만일 아이가 종이책을 부담스러워 하면 오디오북과 병행해서 흥미를 갖도록 동기부여를 제공해준다. 예를 들어 종이책을 펼쳐놓고 효과음악이 있는 오디오북을 듣게 함으로써 독서에 호기심을 가질수 있도록 기회를 마련해 주는 것이다. 노력도 재능이다. 누적된 책읽기는 결국 아이에게 용기와 자신감을 불어넣어 줄 것이다. "어떤 책을 읽으면 좋을까요?" 라는 질문에는, 독서의 중심은 책이 아니라 독자인 아이들이다. 어떤 책이 좋은지보다 아이의 관심사는 무엇인지 아이의 성향과 수준을 파악하고, 어휘력은 어떤지 파악하는 것이 우선이다. 그래서 아이가 흥미를 가지고 좋아하는 책을 먼저 읽게하는 것이 좋다. 시험을 위해 어려운 고전을 먼저 접하게 하여 책과 벽을 만들기보다는 지금의 시대를 배경으로 한 현대 작품들을 먼저 읽으면서 책을 통해 위로를 받아보게 하는 것이 좋다. 그러면서 국어교과서를 읽게하는 것도 놓쳐서는 안된다.

국어교과서를 많이 읽어보는 것은 국어공부에 도움이 되는데 여기에도 전략이 있다.
① 학습 목표를 확인한다.
학습 목표는 소단원에서 무엇을 배우는지를 설명하는 안내 글이다. 이것에 유의하며 읽어나가면 문단의 내용을 잘 이해할 수 있고 요약하기도 쉽다.
② 어려운 낱말을 찾아가며 읽는다.
글을 읽어 나가면서 모르는 낱말이 나오면 그냥 지나치지 말고 그 낱말의 뜻을 문맥에 맞게 유추해 가며 읽어야 한다. 현행 국어교과서는 학생들이 이해하기 어려운 단어에 별표를 달아 단락 맨 아래에 그 뜻을 적어놓고 있다.

③ 내용 이해를 요구하는 질문에 답하며 읽는다.
설명 글일 경우 내용의 이해를 돕기 위해 날개 지면을 이용해서 질문을 던지고 있다. 이런 질문이 나올 때마다 그 질문에 답을 찾아가며 읽어야 한다.
④ 글의 내용을 요약해 이야기한다.
글을 다 읽은 후에는 글의 내용을 얼마나 기억하고 있는지 중요한 내용을 간추려 이야기해보도록 한다. 전체 내용을 한 번에 말하는 것이 어렵다면 몇 부분으로 나누어 이야기하는 것도 좋다. 이 과정에서 어떤 내용을 기억하고 있는지 어떤 부분을 놓쳤는지 알 수 있고 요약하며 말할 수 있는 실력도 높아진다.
⑤ 글의 내용을 어느 정도 이해했는지 확인한다.
소단원 읽기가 끝나면 그 단원의 목표를 달성했는지 확인하는 질문이 나온다. 이 부분은 제대로 공부했는지 점검할 수 있는 부분이기도 하다. 만일 모르는 부분이 있다면 다시 앞으로 돌아가 그 내용을 익히도록 한다. 초등학교 국어공부는 하루아침에 성적이 오르는 과목이 아니다. 평소 꾸준한 독서를 통해 어휘력과 문해력을 향상시켜야 한다. 국어공부의 궁극의 가치는 문해력과 자기표현임을 잊어서는 안된다.

[4] 질문의 크기가 삶의 크기를 결정합니다.

"엄마, 자장면이 먹고 싶어요." "그래? 그럼 먹으러 가자." 그렇게 말하는 것은 지난 과거의 교육과정입니다. 현, 교육과정은 이렇게 말해야 합니다.
"우리 대장이 자장면이 먹고 싶구나. 그런데 볶음밥도 있고 짬뽕도 있고 우동도 있는데 왜 자장면이 먹고 싶지?" 이 물음에 아이가 "그냥 먹고 싶어요." 라고 대답했다면 그것 또한 지난 과거 교육과정 스타일입니다. 이제 아이는 "왜?" 라는 엄마의 물음에 구체적으로 또박또박 '자장면이 먹고 싶은 이유'를 말해야 합니다. 그것이 현 교육과정에서 추구하는 가치입니다.
결국 공부의 핵심은 근원을 따져 밝히고 자신의 의견을 논리적으로 진술하는 데 있습니다. 그것이 바로 논술이며, 이 훈련은 어렸을 때부터 꾸준히 길러 주어야 합니다.
우리는 아이들에게 동화책을 읽힙니다. 책을 읽은 아이에게 엄마는 이렇게 묻습니다.
"재미있니?" 아이는 대답합니다. "네." 그걸로 끝입니다.
동화는 우리 아이들에게 꿈과 용기와 올바른 삶의 방식을 가르쳐 줍니다.
그것을 좀더 확실하게 깨우치게 하려면, "재미있니?" 라는 질문만으로는 곤란합니다.
"왜 그랬을까?" "만일에 그 때 주인공이 이렇게 했다면 결과는 어떻게 달라졌을까?"
"잠깐만, 그 방법밖에 없었을까?"
우리 아이들의 호기심을 자극하고 생각을 확장시킬 수 있는 질문을 던져 준 다음에 조리있는 답을 말할 수 있도록 유도해야 합니다. 그리고 그것을 글로 쓰면 '논술'이 되는 것입니다.
 단순히 읽는 것에서 그치는 것이 아니라 내용의 확실한 이해를 바탕으로 생각을 넓혀 갈 수 있도록 해야 합니다. 그래야 우리 아이들의 사고력과 탐구력이 무럭무럭 자랄 것입니다.
그것이 공부의 핵심입니다.

[5] 필사는 정독 중 정독입니다.

조선시대 세종대왕은 '사가독서(賜暇讀書)'라 하여 집현전 젊은 학자들에게 휴가를 주어 독서에 전념하게 하였으며, 같은 책을 100번 읽고 100번 필사하는 '백독백습 독서법'을 통해 스스로를 성장시키며 나라와 백성을 섬길 수 있었습니다.

① 필사는 글을 베껴 쓰는 것을 말합니다.

일일이 책을 보고 한 글자씩 옮겨 적는 것이지요.
왜 일부러 힘들게 글을 베껴 쓰냐고요? 한 글자씩 글을 옮겨 적는 과정은 단순히 빈 종이를 채우는 것 이상의 여러가지 장점이 있기 때문입니다.

② 필사는 글짓는 능력을 키워 줍니다.

필사는 글짓기 능력을 키우는데 가장 효과적인 방법입니다. 글을 잘 짓는 능력은 태어날 때부터 타고나는 것이 아닙니다. 아무리 유능한 작가라고 하더라도 태어날 때부터 글을 잘 짓는 것은 아닙니다. 그들은 우리가 모르는 수많은 시간동안 노력을 했습니다. 그 중 대표적인 것이 다른 사람들이 써놓은 좋은 책을 필사하는 것입니다.

③ 필사는 어휘능력을 키워 줍니다.

우리가 평소 쓰는 단어는 매우 제한적입니다. 적은 양의 단어로 일상생활에서 대화를 하고 살아가는 데에는 아무런 문제가 없습니다. 하지만 글을 쓸 때에는 다릅니다. 다양한 어휘를 활용해야 좋은 글을 완성시킬 수 있습니다. 어휘력 향상에 가장 통합적인 방법이 바로 필사를 하는 것입니다.

④ 필사는 사고력을 높여 줍니다.

'손은 제2의 두뇌'라고 부를 만큼, 두뇌활동과 밀접한 연관을 맺고 있습니다. 즉 손을 이용한 다양한 활동은 두뇌활동에도 좋은 영향을 주는 것이죠. 공책에 글을 쓰는 동안 우리 뇌는 계속해서 생각을 합니다. 필사는 단순히 글을 옮겨 적는 것 같아 보이지만 고도의 사고활동이 이뤄지는 과정입니다. 문장을 통해서 작가의 생각을 이해하고 더 나아가 자신만의 생각을 형성해 가게 됩니다.

⑤ 필사는 집중력을 높여 줍니다.

필사는 무엇인가에 집중하지 못하고 정서가 불안한 아이들이 반드시 해야 하는 과정입니다. 어려서부터 필사를 즐겨하는 아이들은 차분한 성격으로 사려깊은 행동을 하게 합니다. 느긋하고 여유롭게 앉아서 필사를 하는 것만큼 아이들의 원만한 성격 형성에 도움이 되는 방법은 없습니다.

⑥ 어떤 책을 필사해야 할까요?

필사를 할 때 중요한 전제 조건이 있습니다. 그것은 바로 아무 책이나 필사의 대상으로 삼아서는 안 된다는 것입니다. 책의 종류는 매우 많습니다. 책 중에는 양서라 불리는 좋은 책이 있는가 하면 그렇지 않는 책도 많습니다. 가장 쉬운 선택은 오랫동안 검증받고 사람들에게 사랑받아온 고전을 선택하는 것입니다. 또 외국 작품보다는 우리나라 작품을 선택하는 것이 좋습니다. 아무리 좋은 외국 작품이라도 원서 그 자체를 읽고 이해하기는 어렵습니다. 대개는 번역된 책을 보게 되는데 외국 작품을 번역하다보면 원서 그 자체의 깊이를 느낄 수가 없습니다. 그래서 될 수 있으면 한국 작품을 선택하는 것이 도움이 됩니다.

[6] 서술의 4가지 기본양식

문장을 쓰기 시작할 때에는 어떤 의도, 곧 중심적 목적을 가진다. 이 목적은 단지 서술한다는 차원에서가 아니라, 전달이라는 차원에서 가지게 된다. 필자와 독자의 관계를 의식하고, 어떤 의도, 어떤 목적으로 쓴다는 것이 명백해야 한다.

문장의 의도, 또는 목적은 ① 논증 ② 설명 ③ 묘사 ④ 서사 등 4가지로 나뉜다. 이 4가지 서술의 기본양식은 시, 소설, 희곡, 일기, 감상문, 관찰문, 서간문, 식사문, 설명문, 논설문, 논문 등 서술에 두루 적용되는 기본 방법이다.

(1) 논증(論證, argument)

어떤 명제에 대하여 논거를 제시하는 서술활동이다.

독자의 생각, 태도, 관점, 감정 등을 변화시키고자 한다. 완전히 객관적으로, 또는 비개인적 방법으로 독자가 가지는 논리적 능력에 호소할 수도 있고, 또는 독자의 감정에 호소할 수도 있으나, 어느 경우이건 그 의도는 독자에게 어떤 변화를 일으키고자 하는 것이다. 어떤 주장, 판단, 의견을 제시하고 증명하여 독자를 설득시키려는 의도로 쓰는 것이 논증이다. (논문, 논설문)

(2) 설명(說明, exposition)

주제를 해설하거나 똑똑히 밝히는 서술활동이다.

독자에게 무엇인가를 알리고자 한다. 무엇을 설명하고, 어떤 사상을 독자에게 밝혀주고, 어떤 성격이나 상황을 분석하고, 어떤 말의 뜻을 풀이하며, 어떤 방향을 제시해 주는 것이다. 이러한 의도로 쓰는 것이 설명이다. (설명문)

(3) 묘사(描寫, description)

사물이 지닌 성질, 사물이 우리의 감각에 만들어 주는 인상이 무엇인가를 나타내 주는 서술활동이다.

자기가 보고 듣고 겪은 사물의 인상을 그대로 생생하게 독자로 하여금 상상적으로 체험하게 하고자 한다. 그 대상은 자연의 정경, 도시나 시골의 풍경, 사람의 얼굴 등 삼라만상이 해당된다. 이러한 대상들을 있는 그대로 객관적으로 그려내어 서술하는 것이 묘사이다.
(묘사는 글쓰기의 꽃이다. 글쓰기 능력은 묘사로 평가된다.)

(4) 서사(敍事, narration)

의미있는 행동의 시간적 과정을 서술하는 활동이다.

어떤 사건의 의미 있는 시간적 과정을 표현하고자 한다. 사건은 웅장하거나 평범한 것일 수도 있고, 스포츠 경기나 전쟁, 각종 선거나 들놀이인 경우도 있을 것이다. 어떤 사건이든, 필자는 시간 속의 한 연속과, 경우에 따라서는 한 사건이 다른 사건으로 어떻게 전개되는가 하는 이유를 제시하고자 하는 것이다. 이러한 의도로 서술하는 것이 서사이다.
(소설, 동화, 기행문, 일화, 전기, 실록, 비사, 신문기사)

[7] 반복은 천재를 만들고 신념은 기적을 만듭니다.

어떻게 하면 공부를 효과적으로 할 수 있을까요? 영어를 쉽고 빠르게 배울 순 없을까요?
"뇌가소성을 알면 가능합니다." 어떻게 하면 효과적으로 두뇌를 업그레이드 할 수 있을지
세 가지를 알려 드리겠습니다.
"조디 밀러"라는 3살 여자아이는 심한 발작을 겪었습니다. 병원에서 진료를 받아보니
〈라스무센 뇌염〉이라는 희귀병이었습니다. 왼쪽 뇌에는 심각한 마비가 찾아왔는데요. 알려진
모든 치료법에 실패하자, 의사들은 두뇌의 절반을 제거하는 반구절 제술을 시행했습니다.
시간이 지났습니다. 뇌절반을 없앤, 이 아이는 어떻게 되었을까요?
놀랍게도 몸 왼쪽에 약간의 마비가 있었지만 정상적으로 살아가고 있었습니다.
우리의 신체 부위별 뇌가 정해져 있고, 만약에 이것이 바뀔 수 없다면 불가능한 현상입니다.
인간의 뇌는 완성된 상태가 아닌 미숙한 상태로 태어납니다.
이후, 우리의 두뇌는 주어지는 자극들을 받아들이고 그 필요에 맞게 가장 적합한 형태로
발달합니다. 이것을 '뇌가소성'이라고 합니다.
컴퓨터나 스마트폰과 같은 하드웨어는 위치별로 역할이 정해져 있습니다. 그래서 특정 부위를
없애면 화면이 보이지 않거나 소리가 들리지 않거나 하는 장애가 발생할 것입니다.
하지만 우리의 뇌는 다릅니다. 일부 영역을 제거하여도 끊임없이 새로운 자극을 받아들이고
그에 맞게 뇌의 영역을 재편합니다.
"뇌는 어려운 과제와 목표에 맞게 항상 스스로를 조정한다. 환경의 요구에 맞춰 자원의 형상을
뜨고 필요한 자원이 없을 때는 직접 만든다." 하지만 이런 가소성은 나이를 먹을수록
떨어진다고 합니다. 그럼 어떻게 하면 가소성을 높여서 두뇌를 발달시킬 수 있을까요?
"정답은 바로 우리의 뇌가 그것을 중요하다고 여기게 만들면 됩니다." 중요하다고 여기는 자극이
생기면 우리의 몸은 그것을 수용하는 피질에 아세틸콜린이라는 물질을 분비합니다.
그러면 그 부위는 어린아이처럼 말랑한 가소성을 갖게 됩니다. 그 뜻인 즉, 새로운 정보를 쉽게
받아들인다는 뜻이죠. 그렇다면 어떻게 뇌가 자극을 중요하게 여기게 만들 수 있을까요?
이것을 잘 활용한다면 외국어를 배우는 데, 시험공부를 할 때, 우리의 신체능력을 발달시키는 데,
운동을 할 때, 그리고 자녀를 양육할 때 등 효과적으로 활용할 수 있습니다.
세 가지 구체적인 행동 방법을 알려드리겠습니다.

첫째, 지속적으로 노출하라
둘째, 생존환경을 만들어라
셋째, 호기심과 보상을 제공하라

첫째, 지속적으로 노출하라
일본에서 태어난 하야토와 미국에서 태어난 아기 윌리엄이 있다고 합시다. 태어난 직후 두
아이의 두뇌는 별다른 점이 없습니다. 하지만 두 아이가 듣는 언어가 다릅니다. 일본어와 영어의
발음 차이 중 가장 큰 것은 R과 L의 구분이 있다는 것입니다.

하야토는 R과 L에 대한 소리의구분이 필요없어 집니다. 시간이 지나, 이 아이는 두 소리를 구분하지 못하게 됩니다. 하지만 윌리암에게 이 두 소리의 구분은 중요한 모국어의 영역이기에 부분 능력이 점차 발달하게 됩니다. 이처럼 발달을 하고 싶은 영역에 대한 지속적인 자극은 뇌를 변화시킵니다.

둘째, 생존환경을 만들어라
즉각적으로 아세틸콜린을 분비해서 뇌에 각인시키는 방법이 있습니다. 그것은 바로 생존의 위협이 되는 경험입니다. 우리는 태어날 때, 불이 위험하다는 것을 모르고 태어납니다. 하지만 한 번이라도 불에 데일 뻔한 경험을 하면 그것은 즉각, 두뇌 깊숙이 자리잡게 됩니다. 뇌는 생존의 위험이 되는 것에 대해서는 특별히 가산점을 부여합니다.
외국에 수년간 체류를 했어도 언어가 늘지 않는 사람들이 있습니다. 한인들끼리만 친하게 지내고 취미 정도로 외국어를 경험한다면 우리의 두뇌는 새로운 이 언어에 대해서 마음을 열지 않을 겁니다. 하지만 외국에 조금 살았지만 금방 언어를 배우는 사람도 있습니다. 바로 외국인들을 상대로 가게에서 일을 하거나 즉각적인 대답이 필요한 환경에 있었던 사람들인데요. 우리의 뇌는 위기에 대해 가산점을 부여하므로 두뇌 가소성이 활성화 되게 됩니다.

셋째, 호기심과 보상을 제공하라
교육심리학자 라슬로프가 천재는 '태어난 것이 아니라 만들어지는 것이다'라는 신념을 가진 사람이었습니다. 그녀는 세 딸에게 이 신념을 토대로 체스교육을 하였습니다.
먼저 아이들에게 비밀의 방에서 무언가를 하는 것처럼 하여서 체스에 대한 호기심을 불러일으켰습니다. 그리고 점차 자라면서 체스 성적에 따라서 포옹과 시선과 관심을 제공하였습니다. 아이들은 어떻게 되었을까요?
자연스럽게 색다른 체스에 대한 뇌의 회로가 발달할 수 밖에 없었습니다. 세 딸은 모두 어린 나이에 체스 그랜드마스터가 되었습니다. 호기심은 사람을 관심 끌게 하고 뇌의 재편을 활성화합니다. 탈무드, 공자, 소크라테스의 교육법은 모두 질문을 제시하며 시작합니다. 이것은 우연이 아닙니다. 다음으로 보상입니다. 우리에게 적절한 보상이 주어질 때에 뇌에서는 도파민이 분비됩니다. 이것은 자연스럽게 생존의 환경으로 이어지게 되고 더 많은 도파민 분비를 받기 위해서 뇌는 그 방향으로 노력을 하게 됩니다. 보상은 간식과 돈과 같은 물질일 필요는 없습니다. 친구들의 칭찬과 인정, 부모님의 따뜻한 시선도 뇌를 바꾸는 충분한 보상이 될 수 있습니다. 지금까지 뇌가소성과 이것을 이용해 우리의 두뇌를 발달시키는 법에 대해서 알아보았습니다. 뇌가소성이야기는 성장이 없이 정체돼 있다고 느낀 사람들에게는 절망감을 줍니다. 하지만 반대로 앞으로 좋은 자극을 주면 달라질 수 있다는 희망을 주기도 합니다. 뇌는 자신에게 대접하는 만큼 보답을 합니다. 【프롤로그 끝】

나의 첫 질문

국어공부
어떻게 해야 할까요?

제10권 : 어린이 문장강화 **관찰기록문** 편

주식회사 자유지성사

이 책을 내면서

　어린이들은 참으로 많은 것을 보고 겪으며 자랍니다. 예쁜 꽃, 귀여운 동물, 싱그러운 바람, 맑은 햇살, 그리고 부모님과 가족들의 따뜻한 사랑, 아름다운 이야기…….

　친구들과의 놀이, 장난감, 그림 그리기, 책 읽기, 어린이들에게 필요한 것은 참으로 많습니다.

　그 중에서도 충분한 영양분은 어린이들의 몸을 자라게 해 주고 좋은 글 한 편은 정신을 살찌게 해 줍니다. 거기에 좋은 글을 쓸 수 있

는 기회가 보태진다면 더더욱 몸과 마음이 튼튼한 어린이로 자랄 것입니다.

 일기를 쓰면서 하루를 반성하고, 동시와 동화를 쓰면서 많은 상상의 세계를 펼치고, 생활문을 쓰면서 사랑을 배우고, 논설문·설명문·독후감을 쓰면서는 논리적이고 체계적인 사고력을 키우게 됩니다.

 좋은 생각이 담긴 글을 많이 읽고, 좋은 생각을 많이 해 보며, 좋은 생각을 글로 표현해 보는 것, 어린이들에게 그것만큼 소중한 것은 다시 없을 것입니다.

2025년 5월
지은이

차 례

나의 천 질문 국어공부 어떻게 해야 할까요?

제10권 : 어린이 문장강화 **관찰기록문** 편

1. 기록문이란 어떤 글일까요? • 9

      2. 기록문의 종류에는 무엇이 있을까요? • 17

3. 기록문의 특성은 무엇일까요? • 21

4. 관찰 기록문은 어떻게 쓸까요? • 39

      5. 견학 기록문은 어떻게 쓸까요? • 79

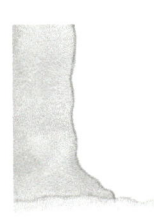

1 기록문이란 어떤 글일까요?

기록문이란, 실제 있었던 어떤 사실이나 사건 등을 있었던 그대로 적어 놓은 글입니다.

관찰, 조사, 경험한 일을 사실대로 기록하는 글이지요.

여러분은 학교 또는 가정에서 기록문을 쓸 기회가 많았을 것입니다.

소풍을 다녀온 후에 그 곳에서 보고 느낀 것을 글로 표현해 보기도 하고, 교실에서 관찰한 곤충이나 식물의 성장 과정을 그림이나 글로 나타내기도 했을 것입니다. 또 어느 때는 선생님과 과학관을 다녀온 후에 그 곳에서 보고 느낀 점을 자세히 적기도 했을 것입니다.

이러한 글쓰기를 모두 기록문이라고 할 수 있습니다.

〈파브르 곤충기〉, 〈시튼의 동물기〉, 모두 기록문에 해당됩니다.

문학 작품으로서도 높이 평가를 받고 있는 이 두 작품은 대표적인 기록문으로, 오늘날에도 전세계 어린이들에게 사랑받고 있습니다.

파브르는 사람들에게서 '미친 사람'이라는 손가락질을 받으면서도 곤충 관찰을 멈추지 않았어요.

그는 이 세상의 많은 여러 가지 벌레가 어떻게 태어나고 어떻게 해서 애벌레가 되는지 놓치지 않고 관찰했던 것이지요.

몹시 가난하고 어려운 환경이었지만 그 일을 포기한 적은 한 번도 없었습니다. 그렇게 해서 위대한 〈파브르 곤충기〉가 탄생할 수 있었답니다.

〈파브르 곤충기〉와 〈시튼의 동물기〉가 오늘날까지 살아남은 것은, 그 작품 속에 살아 있는 생동감 때문입니다.

여러분도 조금만 관찰의 눈을 기른다면 얼마든지 위대한

관찰 기록문을 작성할 수 있습니다. 관찰이라고 해서 절대 멀리 있는 것이 아니라 바로 내 곁에 있는 것을 관찰하는 것이기 때문에 유리한 점도 많지요.

어떤 사물이나 사실을 현재의 기록을 통하여 보다 나은 방향으로 발전시킬 수 있다는 것이 기록문의 중요한 목적입니다. 그래서 기록문은 다른 글짓기와 달리 자기 혼자만의 판단이나 추측대로 글을 쓰면 안 됩니다.

또한 억지로 아름답게 꾸미려 해서도 안 됩니다. 사실을 있는 그대로 쉽게 기록하는 것이 제일 좋습니다.

다음 글을 보세요.

예문

하얀 민들레

　내가 하얀 민들레를 발견한 것은 우연이었다. 이모가 사시는 강원도에 놀러 갔다가 보았던 것이다.
　나는 워낙 나물을 좋아한다. 그래서 이모네 마당에 수북하게 자라고 있는 민들레를 바구니에 캐 담았다. 그리고 그것을 이모한테 갖다 드렸더니 이모는 맛있게 무쳐 주셨다.
　그런데 그걸 먹어 보았더니 전에 내가 먹어 보았던 민들레 맛이 아니었다. 뭔가 모르게 싱겁다는 생각이 들었다.
　다음날 아침 나는 마당으로 나갔다가 깜짝 놀랐다. 어제는 못 보았던 하얀 꽃이 여기저기 피어 있었던 것이다. 하얀 민들레였다.
　그러니까 내가 어제 수북하게 캤던 것이 하얀 민들레

었던 것이다. 이제는 많이 사라져서 희귀 식물이 되었다는 하얀 민들레를 거기서 본다는 기쁨보다 당혹스러움이 더했다.

그 자리에서 놀란 점은 또 있다. 해가 떠오르자 그 꽃은 그대로 입을 다물어 버리는 것이었다.

나는 그 날 이후부터 하얀 민들레를 자세히 살피기 시작했다.

하얀 민들레는 양지에서만 자란다. 원줄기가 없고 굵은 뿌리에서 잎이 무더기로 나와서 비스듬히 퍼지는 형태이다. 그리고 다른 특징은 흙 속에 있으면서 이미 꽃 몽오리가 맺혀 있다는 사실이었다. 그러니까 민들레가 자라고 있는 부위의 흙은 마치 개미가 파헤쳐 놓은 것처럼 부슬거렸다.

그 큰 꽃몽오리가 흙을 헤집고 나오려니 마치 흙을 찢고 나오는 것 같았다.

그리고 꽃대를 자로 재어 보니 굉장히 길었다. 거의 20cm가 넘었다. 그러니까 꽃이 피어서도 계속 꽃대가 자라는 것이었다.

그러다 보니 홀씨가 맺힐 때까지는 길이가 거의 30cm나 자랐다.

잎은 도피침형이고 밑이 좁아지고, 양쪽 가장자리는 무 잎처럼 갈라지며 나온다. 갈래 조각은 5~6쌍이며 가장자리에 톱니가 있다. 꽃이 필 때 처음에는 잎보다 짧은 꽃줄기가 자라서 끝에 한 개의 두화가 하늘을 향해 달린다. 그리고 그 밑으로 털이 많다.

꽃줄기는 속이 텅 비어 있다. 민들레와 비슷한 점이 많지만 꽃의 색깔이 다르고 잎이 서는 모습이 다르다. 노란 민들레 잎은 꽃받침처럼 자라지만 하얀 민들레 잎은 화초처럼 잎이 커다랗게 자라는 편이다.

한 포기 캐서 집으로 가져가고 싶은 욕심에 삽으로 뿌리 부분을 깊숙이 팠다. 마침 비온 뒤라서 삽날이 깊숙이 잘 들어갔다. 이 정도면 되겠구나 생각해서 푹 흙을 팠는데, 아니었다. 하얀 액을 흘리며 잘린 뿌리가 삽 위에 놓여 있었던 것이다. 잘린 뿌리 길이가 15cm가 넘었는데, 땅에 아직 남아 있는 뿌리 길이는 잴 수 없었다.

나는 한 포기를 캐 가는 것을 포기하고 씨앗을 채취하였다. 씨앗은 뿌리가 길고 윗부분에 돌기가 있었다.

나는 그것을 종이에 싸며 친구들에게 가장 좋은 선물을 갖다 줄 수 있겠다는 생각에 기분이 우쭐했었다.

2 기록문의 종류에는 무엇이 있을까요?

기록문은 쓰는 목적과 내용에 따라 여러 종류로 나뉠 수 있습니다.

어린이 여러분도 한 개의 수첩 정도는 모두 가지고 있을 것입니다. 그 수첩을 펼쳐 보면 오늘 선생님이 내 준 숙제, 부모님께 받은 용돈 금액과 쓴 내역, 친구 생일, 소풍 가기로 되어 있는 날 등 수없이 많은 메모가 적혀 있습니다. 그런 작은 메모들도 기록문이라고 할 수 있지요.

그렇기 때문에 기록문의 범위는 참으로 넓답니다. 그 종류를 살펴볼까요?

첫째, 관찰 기록문이 있습니다

관찰 기록문은 식물이나 동물의 성장과 변화, 꽃이 피는 과정, 곤충의 움직임 등을 주의 깊게 관찰하고 난 뒤에 쓴 글입니다. 일기와 비슷하다고 할 수 있습니다.

둘째, 조사 기록문이 있습니다

이는 어떤 사건이나 일의 실태나 과정, 통계 등을 알아보기 위하여 조사한 글입니다. 그러므로 자신이 쓰고 싶은 분야에 대해 충분히 조사하고 난 후에 기록하여야 합니다.

셋째, 연구 기록문이 있습니다

연구 기록문에서는 어떤 과제를 정해 놓고 연구한 것을 기록합니다.

넷째, 견학 기록문이 있습니다

견학 기록문은 산업체나 관청, 공공기관, 문화 유적지 등을 견학하고 난 후 쓰는 글입니다.

다섯째, 회의 기록문이 있습니다

학급 회의, 전교 어린이 회의, 그 밖의 여러 회의를 통하여 진행된 사항을 기록한 글입니다. 우리는 보통 이것을 회의록이라고 부르고 있지요.

여섯째, 사건 기록문이 있습니다

사건 기록문은 어떤 사건의 발단, 내용, 해결, 결과 등을 있었던 그대로 적으면 됩니다.

일곱째, 독서 기록문이 있습니다

독서 기록문은 책을 읽고 나서 그 책의 내용에 대한 느낌과 생각을 적는 글입니다. 이것은 독서 감상문과 비슷합니다.

여덟째, 강연 기록문이 있습니다

강의나 강연을 들으면서 중요한 내용을 적는 글이 여기에 속합니다.

아홉째, 생활 기록문이 있습니다

일상 생활에서 겪은 일을 그대로 적는 글입니다.

열째, 행사 기록문이 있습니다

어떤 행사의 계획, 진행, 결과 등을 자세히 적는 글입니다.

기록문은 이밖에도 여러 종류로 나뉠 수 있습니다.

어린이 여러분이 그 중에서 가장 많이 쓰는 기록문은 견학 기록문과 관찰 기록문입니다.

이 책에서는 여러 기록문 중 견학 기록문과 관찰 기록문을 중심으로 공부하겠습니다.

3 기록문의 특성은 무엇일까요?

　모든 글이 다 그렇듯이 기록문 역시 그 특성을 제대로 살려서 담아 놓아야 좋은 글이 됩니다. 그렇다면 기록문의 특성은 무엇인지 알아야겠죠?

첫째, 정확한 기록이어야 합니다

　기록문의 생명은 무엇일까요? 바로 사실을 정확하게 기록하는 것이라고 할 수 있습니다. 기록문은 생활문과는 다릅니다. 어떤 확실한 근거와 자료를 필요로 합니다. 그렇게 적은 글은 연구 자료로 쓰일 수도 있고, 학습 자료가 될 수도 있기 때문에 정확하게 기록을 해야 합니다.

여러분도 기록문을 한 번쯤은 써 보았을 것입니다. 그런데 강낭콩이나 봉숭아 씨앗 하나를 화분에 심어 놓고, 그 싹이 나와 자라는 과정을 대충 적어 놓는다면 절대 좋은 기록문이 될 수 없습니다.

- 이제 싹이 나왔다. 조금 귀엽다.
- 내 손가락 크기만큼 자랐다.

이런 식으로 대충 써 놓는다고 해서 좋은 기록문이라고 할 수 있을까요? 아닙니다. 다음을 보세요.

- 3센티미터의 키로 자랐다. 두 개의 떡잎은 아직도 매달려 있다.
- 잎의 길이가 5센티미터였다. 어제는 4센티미터였는데, 그렇다면 하루 만에 1센티미터나 자란 것이다.

이렇게 정확한 기록을 하여야 합니다. 이러한 정확성이 없다면 기록문의 가치는 없어집니다.

그럼 이런 특징을 살려서 쓴 기록문 하나를 볼까요?

예문

재스민

4학년 김예나

어머니가 화분 하나를 사 오셨다. 조금 큰 편이었다. '재스민'이라는 팻말이 꽂혀 있었다.

재스민은 이파리가 동백 같았다. 다소 짙은 초록색을 띠고 있는데 타원형의 이파리를 지니고 있었다. 잎의 길이를 재어 보니 큰 것은 8센티미터가 넘었다.

재스민이 다른 화초와 다른 점은 나팔꽃처럼 기둥을 감고 올라간다는 사실이었다. 아직 기둥을 붙잡지 못한 순은 위로 뻗고 있었다.

뿌리 부분을 살펴보았다. 긴 막대기가 꽂혀 있는데

재스민은 그 기둥을 감으면서 위로 올라가는 것이었다.
 이파리를 하나 따 보았다. 냄새가 굉장히 독했다. 그리고 하얀 액이 나왔다. 그 액을 입에 대 보았더니 몹시 썼다.

예문

봉숭아

4학년 김영선

 지난 봄에 화단에 봉숭아를 옮겨 심었었다. 친구한테 얻은 것이었다. 아직 덜 자란 봉숭아는 어린 잎이 무척 애처로워 보였다. 잘 자랄까, 걱정을 하지 않을 수가 없었다. 나는 그것을 햇볕이 잘 드는 곳에다 심었다.
 봉숭아는 위로 곧게 잘 자라 주었다.
 특히 밑부분 부위 마디가 굵고 두드러진 편이었다. 잎은 피침형으로 양끝이 좁고 가장자리에 톱니가 있었다.

 처음에는 키가 작았는데 다 자란 후에 재어 보니 42센티미터였다.

 며칠 전에는 분홍색의 겹꽃을 틔워 냈다. 꽃은 잎과 잎 사이에 2개씩 달렸다. 꽃대가 있어서 조금 아래로 쳐지면서 잎을 틔워 냈다. 좌우로 넓은 꽃잎이 퍼져 있었다.

 꽃을 하나 따서 자세히 살펴보니 뒤에는 꿀주머니가 밑으로 굽어 있었다. 수술은 다섯 개이고, 꽃밥은 서로 연결되어 있었다. 이미 씨앗이 영글기 시작한 것은 씨방에 털이 있었다.

예문

사과나무

5학년 김주희

작년 식목일에 심었던 사과나무에 올해 들어 꽃이 피었다. 꽃은 연분홍색을 띠고 있었고, 잎 겨드랑이에 모여 피었다.

꽃잎은 다섯 장으로 이루어져 있었고, 가운데 노란 꽃술이 있어서 더욱 예뻐 보였다.

아버지 말씀에 따르면, 꽃이 지는 여름부터 열매가 맺힌다고 한다. 사과가 열리기 시작하면 봉지를 씌워 주고, 여러 차례 소독도 해 주어야 한다고 한다.

그렇게 가녀리고 작은 꽃에서 먹음직스럽고 큰 사과가 태어난다는 것이 너무도 신기하였다.

3. 기록문의 특성은 무엇일까요?

둘째, 내용을 알기 쉽게 써야 합니다

다른 글도 그렇지만 기록문은 특히 알기 쉽도록 정확하게 써야 합니다.

애매하게 써서 무슨 내용인지 분간할 수가 없다면 자료로 쓰일 수가 없게 됩니다. 그러므로 내용이 명확하고 이해하기 쉽도록 쓰여져야 합니다.

다음 예문들을 참고하면서 기록문을 익혀 봅시다.

예문

고양이

우리 집에 뽀야라는 암코양이가 10일 전에 새끼 고양이 한 마리를 낳았다. 우리 식구는 그 고양이를 '뽀미'라고 부르기로 하였다.

뽀미가 태어났을 때, 뽀미의 눈은 꼭 감겨 있었다.

털도 젖은 것처럼 몸에 꼭 붙어 있었고, 게다가 매우 짧았다.

10일이 지나자 뽀미의 눈은 거의 뜨였다. 하지만 일반적인 고양이 눈과는 달랐다. 고양이는 보통 눈이 매우 둥글고, 동공이 세로로 긴 편인 데 반해, 뽀미의 눈은 둥글지도 않았고, 동공도 눈 전부를 채울 만큼 컸다. 또한 얇은 막이 눈동자를 모두 덮고 있었다.

어머니 말씀에 따르면 그것은 아직 고양이가 눈을 뜨지 못했기 때문이라고 한다. 실제로 고양이는 한 달이 되어야 사물을 제대로 볼 수 있다고도 하셨다.

나날이 예뻐지는 새끼 고양이 뽀미가 어서 빨리 자랐으면 좋겠다.

예문

개미귀신

친구와 함께 산에 갔다.
"이게 뭐지?"
고운 모래흙으로 된 땅에는 이상한 구멍들이 있었다. 집으로 돌아와 아버지께 여쭈어 보니, 개미귀신의 집이라고 하셨다. 아버지께서 개미귀신은 개미와 같은 곤충을 잡아먹고 산다고 하셨다. 나는 개미귀신에 대하여 자세히 관찰하고 싶어 친구와 함께 개미귀신을 채집하고 사육 상자도 만들었다.
개미귀신은 크기가 엄지손톱만한데, 작은 것은 새끼손톱보다 더 작았다. 등과 옆구리에는 듬성듬성 규칙적으로 털이 나 있었고, 머리에는 집게 모양의 턱이 있었다. 개미귀신의 몸 색깔은 황갈색이었다. 모래와 아주 비슷한 색이어서 흙이나 모래에서는 눈에 잘 띄지 않았다.

　개미귀신은 가운뎃다리와 꽁무니를 이용해 뒤로 기어서 모래 속으로 들어가더니 한참 있다가 자리를 잡으려는 듯 이리저리 길을 만들고 다녔다. 자리를 잡고 집게같이 생긴 턱을 이용해 툭툭 먼지를 털듯이 모래를 구멍 밖으로 내보냈다.

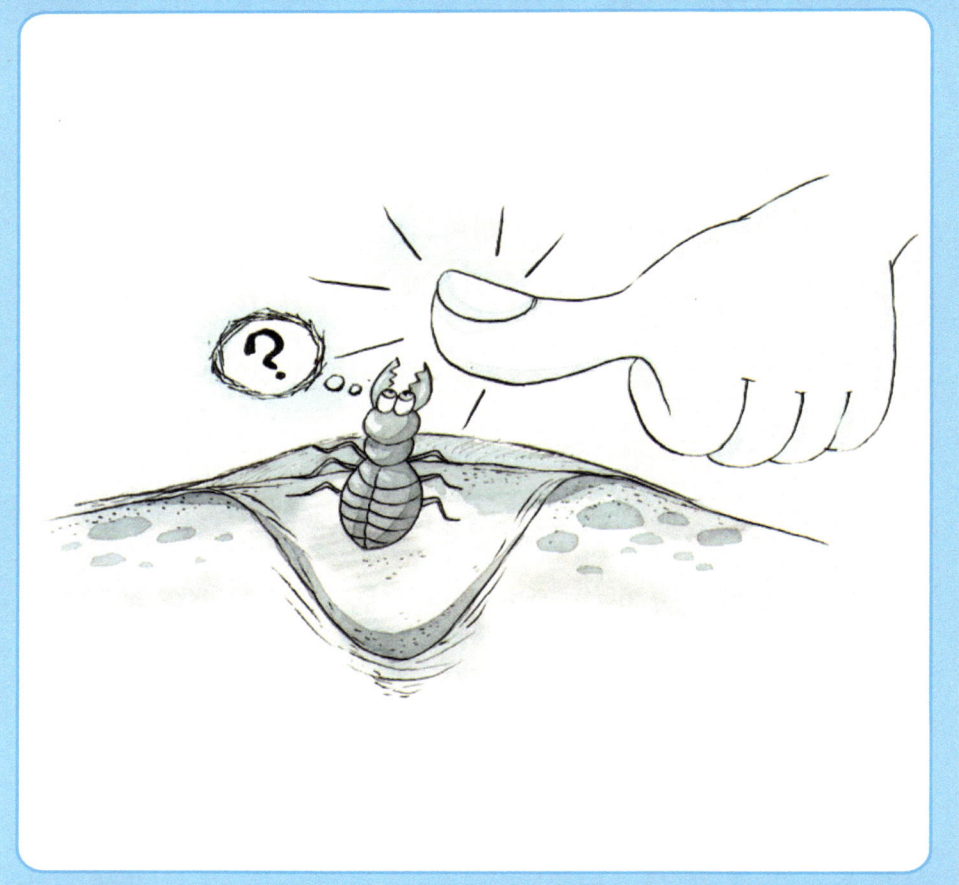

알고 보니 개미귀신의 집인 개미지옥을 만들고 있었다.

밖으로 나온 개미귀신의 옆구리에 있는 털을 연필로 툭툭 건드려 보았다. 그랬더니 개미귀신은 금방 공격 자세를 취했다.

'이 털은 분명 감각 기관이구나!'

이렇게 생각하고, 나는 죽은 개미를 옆에 가져다 놓았다. 개미귀신은 아무런 반응이 없었다. 죽은 개미를 슬쩍 건드려 털에 닿게 하였더니 개미귀신은 움찔하며 반응을 보였다. 실험 결과, 이 털은 시각 기관이나 후각 기관이 아니라는 것을 알 수 있었다.

개미귀신에 대하여 더 많은 것을 알고 싶어 백과 사전을 찾아보았다. 그랬더니 개미귀신이 자라서 명주잠자리가 된다고 씌어 있었다.

'명주잠자리의 애벌레가 바로 개미귀신이구나!'

우리 주위에는 개미귀신처럼 신기한 생물이 많이 있다. 자연에 관심을 가지고, 자연을 더욱더 주의 깊게 관찰해야겠다는 생각이 들었다.

셋째, 문장은 간결하고 분명해야 합니다

어떤 글이든 문장이 중요합니다. 마치 집의 설계는 제대로 잘했는데, 집 짓는 재료를 엉망인 것으로 사용하였다면 좋은 집이 될 수 없듯이 말입니다. 기록문에서도 문장이 간결하고 분명해야 합니다.

> **예문**
>
> 화단에 옥수수를 심었더니 풀 같은 것이 쏙 돋아나 키다리로 자라났다. 키다리 옥수수 옆에서 나팔꽃이 무럭무럭 자라면서 영양분을 다 빨아 먹었다. 그래도 옥수수는 나팔꽃한테 지지 않으려는 듯이 매일매일 키만 키웠다.

위의 글을 읽으면서 관찰 기록문이라고 생각되세요? 옥수수를 관찰하려는 목적이었는데 문장이 어수선해지고 말았습니다. 나중에는 엉뚱하게 나팔꽃이 나와서 뜻이 불분명해

지기도 했구요.

넷째, 도표·사진·그림 등을 첨부하기도 합니다

　글로 나타낼 수 있는 경우도 있지만, 글로는 충분히 설명하지 못하는 경우도 있습니다. 그럴 때는 도표나 사진 등을 첨부해서 이해를 도울 수 있습니다.
　어린이 여러분은 놀이 동산에 자주 갈 것입니다. 그 곳에 가면 재미있는 놀이가 참으로 많습니다. 그 놀이 기구에 대해 글로 표현할 수도 있겠지만, 돌아가는 모습이나 모양은 글로 자세하게 나타내기가 어렵습니다.
　그럴 때 사진이나 그림을 첨부시킨다면 훨씬 자세하게 그 곳의 모습을 설명할 수가 있습니다.
　변하는 대상을 관찰하여 기록하는 기록문 역시 도표, 그림 등을 첨가하면 훨씬 생동감 있는 기록문이 되겠지요?
　다음 예문은 강낭콩을 관찰하여 쓴 기록문입니다.
　컵에 심어 놓고 하루하루 자라나는 모습을 기록하면서, 동시에 그림을 그려 놓았기 때문에 훨씬 실감 있게 느껴집니다.

예문

강낭콩

9월 4일 목요일, 맑음

　시장에서 강낭콩을 사 왔다. 교과서에 마침 강낭콩을 싹 틔우는 과정이 나와 있어서, 호기심이 생겼던 것이다. 정말로 강낭콩을 어떤 방향으로 심든 뿌리는 아래쪽으로, 줄기는 위쪽으로 자라는지 궁금했고, 또한 그 자그마한 콩에서 푸른 줄기와 이파리가 나온다는 사실을 확인하고 싶었다.

　강낭콩은 진한 갈색을 띠고 있으며, 매끈한 편이다. 가운데 부분에 자그맣게 노란 부분이 떼어 있다. 이 부분에서 싹이 날 거라고 엄마가 말씀해 주셨다.

　우선 콩을 물에 불려야 한다고 하여, 네 개의 강낭콩을 이틀 정도 투명한 유리컵 물 속에 담가 두기로 했다. 담가 두었던 콩은 물에 불어서 쭈글쭈글해지고 말랑말랑해졌다.

예문

9월 6일 맑음

강낭콩을 이틀 정도 물에 불리니 연한 싹을 약간 틔웠다. 이 연한 싹에서 콩의 줄기가 나온다고 한다.
우선 비커에 물에 흠뻑 적신 솜을 담고 거기에 약간 싹을 틔운 강낭콩 네 개를 차례로 심었다. 단, 심을 때 각각 싹의 방향을 다르게 했다. 하나는 위쪽, 다른 하나는 오른쪽, 나머지 두 개는 각각 왼쪽과 오른쪽으로 향하게 하였다.

   이렇게 한 이유는 콩의 뿌리와 줄기의 방향을 알기 위해서이다.

   며칠 정도 관찰하기로 했다.

4 관찰 기록문은 어떻게 쓸까요?

여러분이 가장 많이 쓰고 접하는 기록문에는 관찰 기록문과 견학 기록문이 있습니다.

우선 관찰 기록문에 대하여 알아보도록 하겠습니다.

어린이 여러분은 학교 숙제 때문에 한 번 정도는 씨앗을 뿌리고, 그 씨앗이 자라는 과정을 살펴보았을 것입니다.

관찰 기록문이란 어떤 사물의 변화, 자연 현상 등을 고찰한 후에 그 결과를 중심으로 쓰는 글입니다. 그렇기 때문에 멋있는 말이나 아름다운 말은 필요하지 않습니다.

여러분 주변에 있는 여러 가지 사물이나 현상 등이 관찰 기록문의 대상이 될 수 있습니다.

하루 동안의 날씨 변화, 싹을 틔운 강낭콩이나 삐약거리는 병아리, 친구의 버릇이나 습관, 모두 관찰 기록문의 대상이 됩니다.

관찰 기록문을 적을 때는 꼭 기록해야 할 사항이 몇 가지 있습니다.

관찰하게 된 동기, 관찰 방법, 관찰 내용, 결과, 등이 차례대로 적혀 있어야 합니다.

관찰 기록문의 형식에는 첫째, 일기 형식과 둘째, 생활문 형식이 있습니다. 일기 형식은 시간의 흐름에 따라 변화하는 모습을 적어 나가면 됩니다. 생활문 형식은 관찰한 목적과 내용, 느낌, 사실 등을 종합적으로 나타내는 것입니다.

첫째, 일기 형식의 관찰 기록문

일기 형식의 관찰 기록문은 일기를 쓰듯이 하되 관찰한 사실을 정확히 적으면 됩니다.

예문을 보세요.

> 예 문

9월 10일 맑음

　날씨가 맑았다. 맑은 하늘을 보니 강낭콩에게도 햇볕을 쬐어 주고 싶어 비커를 창가에 놓았다. 햇빛을 받은 강낭콩의 줄기가 윤이 났다.

　나흘 만에 뿌리가 솜을 뚫고 나왔다. 각기 다른 방향으로 있던 세 개의 강낭콩은 일제히 아래쪽으로 뿌리를 내렸다.

　그뿐이 아니었다. 뿌리를 타고 올라오는 줄기의 방향은 모두 위쪽이었다. 그렇게 말랑한 줄기가 솜을 뚫고 나오는 모습이 정말 신기하였다.

　햇볕을 받았으니 더욱 잘 자랄 것이다.

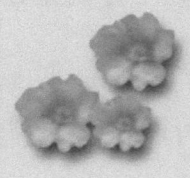

예문

9월 12일, 흐렸다 맑음

이틀 만에 몰라볼 만큼 강낭콩의 줄기가 자랐다. 이제는 꼿꼿하게 하늘을 향한 줄기가 당당해 보인다.

또한 강낭콩은 점점 솜 위로 올라와 약간 껍질이 벗겨졌다.

강낭콩이 어떻게 자라게 될지 더더욱 궁금해졌다.

예문

9월 14일, 비

하루 종일 가을비가 내려서 집에만 있었다. 그 덕에 이제 싹 틔운 지 10일이 된 강낭콩을 자세히 관찰할 수 있었다.

햇볕을 못 받아서인지 오늘은 좀 시들해 보였다.

사전을 찾아보니, 굴지성이라는 단어가 나왔다. 굴지

> 성이란 식물의 뿌리는 중력의 작용으로 지구의 중심을 향해, 즉 아래쪽을 향해 자란다는 의미이다.
> 내가 키운 작은 강낭콩 네 개의 씨앗도 굴지성이라는 자연의 법칙에 따라, 그 작은 비커에서 이렇게 자라났다는 것이 한편 신비롭고, 한편 위대해 보였다.
> 다음엔 또 다른 식물을 키워 볼 생각이다.

위의 글은 매일 변화하는 관찰 대상의 모습을 정확히 적었습니다. 거의 매일 적어 가는 것이 일기와 닮았지만, 일기처럼 감정이나 개인적인 생각을 중심으로 쓰지는 않았습니다.

일기 형식의 관찰 기록문에서 날짜와 날씨를 뺀다면 한 편의 관찰 기록문이 됩니다.

둘째, 생활문 형식의 관찰 기록

생활문 형식의 관찰 기록은 관찰한 사실을 종합적으로 나타내야 합니다. 그렇기 때문에 시작 부분, 가운데 부분, 끝 부분을 정확하게 나누어서 쓰는 것이 좋습니다.

처음 부분은 관찰하게 된 동기, 목적, 관찰 방법 등을 적고 가운데 부분은 관찰한 사실, 본 것, 들은 것, 느낀 것 등을 적습니다. 끝맺음 부분은 관찰을 한 뒤에 알아낸 사실과 종합적인 느낌, 앞으로의 계획을 쓰면 됩니다.

이제 '고양이의 생태' 라는 제목으로 생활문 형식의 관찰 기록문을 보여 드리겠습니다.

우선 첫부분에서는 관찰하게 된 동기와 목적을 적습니다.

첫 부분 예문

고양이의 생태

우리 집은 아파트다. 그래서 쥐가 없다. 그런데 엊그제 새로운 사실 하나를 발견하였다. 우리 아파트에 고양이가 굉장히 많다는 사실이었다.

밤중에 잠깐 나갈 일이 있었는데 어둠 속에서 웅크리고 있던 고양이들이 나를 보더니 어슬렁어슬렁 자동차 밑으로 들어가는 것이었다. 나는 처음에는 집 잃은 개인 줄 알았다. 그래서 잠깐 쫓아가는 시늉도 해 보았지만 야옹, 하는 소리를 듣고서야 고양이라는 것을 알았다.

쥐도 없는데.

먼저 그런 생각이 들었다. 하지만 고양이가 먹을 수 있는 먹이는 쥐 말고도 많을 것이다.

고양이는 어둠 속에서 나를 쳐다보았다. 눈빛이 굉장히 빛나고 있었다.

그 눈빛을 보는 순간 고양이를 직접 관찰해 보고 싶다는 생각이 들었다. 다행히 내 친구 집에는 고양이 한 마리가 있기 때문에 쉽게 관찰을 할 수 있었다.

가운데 부분은 대상을 관찰하면서 알아 낸 사실과 생각한 사실, 그리고 어떻게 관찰하였는가를 적습니다.

고양이의 생태

고양이에게는 야생 본능이 있다고 한다. 고양이 자체가 처음부터 인간과 함께 산 애완 동물이 아니라 숲이나 들에서 동물들끼리 산 야생 동물이었기 때문이다. 그래서 고양이는 사냥하기에 적합한 발톱과 이빨을 가지고 있어 자칫하면 사람이 다칠 수도 있다. 특히 밤에 보는 고양이의 눈은 형광색처럼 빛나기 때문에 무엇이든지 잘 볼 수 있다고 한다.

친구네 집 고양이는 이제 태어난 지 일년이 다 되었다. 어미는 하얀 색인데, 아빠 고양이가 검은 색이었다고 한다. 그래서 친구네 고양이도 검은 고양이이다.

길이가 25 센티미터 정도 되는 이 고양이는 평소에는 귀엽고 앙증맞지만 조금이라도 주위가 시끄러워지거나 처음 본 사람이나 물체가 나타나면 발톱을 세우고 몸을 공격 자세로 만든다.

날 처음 봤을 때도 으르렁거리며 눈에 힘을 주었었다. 하지만 자꾸 보니 이젠 나도 주인처럼 따르는 편이다.

고양이의 가장 큰 특징은 눈과 발톱이다. 고양이의 눈은 밝을 때 보면 동공이 세로로 길어서 조금 무섭다. 밤에 보면 동공이 둥글게 커지면서 빛을 발한다.

또한 고양이의 발톱은 평소에는 잘 보이지 않는다. 그래서 움직일 때 전혀 소리나는 법이 없다. 하지만 신기한 것이나 사냥감을 건들 때는 날카로운 발톱이 나타난다. 발가락 끝을 벌리면 갈고랑이 같은 예리한 발톱이 드러난다.

발바닥은 매우 두툼하다. 그래서인지 걸을 때 더더욱 소리가 나지 않는다. 우리가 '고양이처럼 살금살금 긴다.'라는 표현은 그냥 생긴 말이 아님을 알 수 있었다.

4. 관찰 기록문은 어떻게 쓸까요?

친구네 고양이는 수염이 매우 길다. 주둥이 위쪽에 난 여러 가닥의 수염은 고양이의 균형 감각을 잡아 주는 것이라고 친구네 어머니께서 말씀하셨다. 그래서 고양이도 그 수염을 매우 조심스럽게 다룬다고 하며, 사람이 함부로 잘라서는 안 된다고 하셨다.

고양이는 한 마디로 조심스럽고 귀여운 동물이다. 하지만 조금이라도 상대가 위협하거나 스스로 위험하다고 느끼면 그 야생 본능을 드러내 조금은 무섭다. 그렇게 작고 예쁜 고양이가 쥐를 잡을 수 있고, 실제로 종종 쥐를 잡아먹는다는 사실을 보지 않고도 알 수 있을 것 같다.

끝맺음 부분에서는 관찰하고 난 뒤의 종합적인 느낌과 앞으로의 계획을 적습니다.

고양이의 생태

　여기까지 관찰하고 나서 나는 고양이에 대한 여러 가지를 이해할 수 있었다. 하지만 아직도 모르는 것이 많을 것이다.
　더 자세히 관찰하려면 고양이와 같이 생활해야 될 것 같다. 앞으로 기회가 생기면 고양이 한 마리를 우리 식구로 받아들일 계획이다. 그래서 좀더 고양이에 대한 여러 가지를 알아 낼 생각이다.

지금까지 관찰 기록문의 종류인 일기 형식과 생활문 형식을 실제 예를 통하여 알아보았습니다.

관찰 기록문은 앞에서 말했듯 자기의 생각대로 기록한다면 가치가 없습니다. 기록은 말 그대로 연구나 자료로 쓰일 경우가 많기 때문입니다.

하지만 관찰문을 관찰 그 자체로만 끝낸다면 그것 또한 아무 가치가 없습니다.

위에서 보여 드린 예문처럼 관찰한 내용을 다른 사실과 비교해 보고, 관찰하면서 얻은 감동과 느낌을 곁들여야 좋은 글이 될 수 있는 것입니다.

그럼 어떻게 하면 좋은 관찰 기록문을 쓸 수 있을까요?

관찰 기록문을 잘 쓰는 방법

첫째, 관찰 대상물을 자세히 관찰합니다.

관찰 기록문을 잘 쓰려면 우선 대상물을 자세히 관찰해야 합니다.

관찰 기록문은 관찰한 사실이 충분하지 못하고 자세하지 못하면 잘 쓸 수가 없습니다.

관찰한 내용이 많으면 많을수록 내용을 짜임새 있게 적을 수 있습니다.

만약에 대충 관찰한 후에 글을 쓰기 시작했다면 절대 풍부한 내용을 기대할 수 없을 것입니다. 자세히 관찰하기, 그것은 관찰 기록문의 기본입니다.

다음 예문을 살펴보세요.

예문

올챙이의 변화

동생이 냇가에서 올챙이를 양동이에 가득 잡아 왔다. 양동이에 가득 담긴 올챙이를 보고 다섯 마리만 달라고 했다. 올챙이가 어떻게 변해서 개구리가 되는지 눈으로 확인하고 싶었기 때문이다. 물론 올챙이가 커서 개구리가 된다는 것 정도는 알고는 있지만, 그냥 막연히 그렇게 생각하는 것보다는 확인하는 것이 더 재밌을 것 같았다.

　다섯 마리를 어항에 담그고 물고기 밥과 멸치 가루, 삶은 달걀 등을 띄워 주었다.

　나는 우선 올챙이의 생김새가 궁금하여 다섯 마리 중 한 마리를 꺼내 돋보기로 관찰하였다. 투명한 작은 살

레에 미끄러운 올챙이 한 마리를 놓고 돋보기로 관찰하였다.

　올챙이의 머리는 둥글고 몸에 비해 크다. 머리에는 두 개의 눈과 코, 그리고 한 개의 입이 있다. 입 밑에는 빨판이 있는데, 백과 사전을 보니 그것은 올챙이가 물풀에 달라붙을 수 있게 해 주는 것이라고 한다.

　또한 올챙이에게도 아가미가 있다. 이 아가미로 숨을 쉬며, 긴 꼬리는 물고기의 지느러미처럼 수영에 필요하다. 올챙이는 수영할 때 이 꼬리를 좌우로 흔들어 S자로 만들면서 앞으로 나아간다.

　2주 정도 지나니 배와 꼬리의 중간 부분에서 뒷다리가 먼저 나왔다. 그리고 앞다리가 나올 부분이 볼록하게 부풀었다. 이 볼록한 부분은 뒷다리가 나온 지 일주일 정도 지나서 앞다리로 변하였다. 그런데 신기한 것은 앞다리에는 물갈퀴가 생기지 않는다는 것이었다. 뒷다리에는 헤엄에 편리한 물갈퀴가 잘 만들어졌는데 말이다.

　뒷다리와 앞다리가 나온 후, 꼬리는 점점 짧아지고

올챙이의 색도 점점 짙어졌다. 거의 개구리의 모습을 띠게 된 것이다.

개구리의 모습이 나타나면서 난 어항에 돌을 몇 개 깔아 주었다. 개구리는 양서류이기 때문에 물에서만 살지 않기 때문이다.

아직 완전한 개구리는 아니지만 거의 개구리의 모습을 갖추게 된 작은 개구리들은 그 돌 위에서 노는 것을 좋아했다.

꼬리가 완전히 없어지고 온 몸에 무늬가 나타나면서 난 다섯 마리의 개구리들을 연못에 놓아 주었다.

작은 어항보다는 그래도 원래의 자연에서 사는 것이 개구리들에게 행복할 것 같아서였다.

이번 실험을 통해서 책에서만 보았던 올챙이의 변화를 직접 눈으로 확인할 수 있었다. 전혀 다른 모습을 가진 올챙이가 그럴듯한 한 마리의 개구리로 성장하는 모습을 보면서 생명의 소중함, 자연의 신비함을 새삼 깨달았다.

둘째, 관찰한 내용을 자세히 메모해 둡니다.

자기의 머리만 믿고 관찰한 내용을 수첩에 적지 않는 어린이들도 있습니다. 하지만 그것은 잘못된 일입니다. 앞에 조사한 내용이 많이 적힌 수첩이 놓여 있다면 글을 쓸 때 좀 더 풍부한 내용을 적을 수 있을 것입니다. 메모를 하면서 좋은 글감이 떠오를 수도 있기 때문에 관찰 기록문을 쓰려면 항상 메모하는 습관을 들여야 합니다.

예 문

배추흰나비

얼마 전에 자연 시간에 배추흰나비를 관찰하게 되었다. 송충이처럼 온몸에 털이 많은 배추흰나비의 애벌레는 좀 징그럽게 생겼다.

애벌레는 우선 온 몸에 털이 많다. 발은 모두 8쌍, 즉 16개이며 머리에는 입·눈·더듬이가 있다. 하지만 애벌레가 움직일 때 사용하는 것은 발이라기보다는 주로 몸통이다. 몸을 움츠렸다 폈다 하면서 앞으로 나아가는 것이다.

애벌레는 길이가 보통 1-3센티미터에 불과하므로 돋보기로 자세하게 관찰하여야만이 알 수 있다.

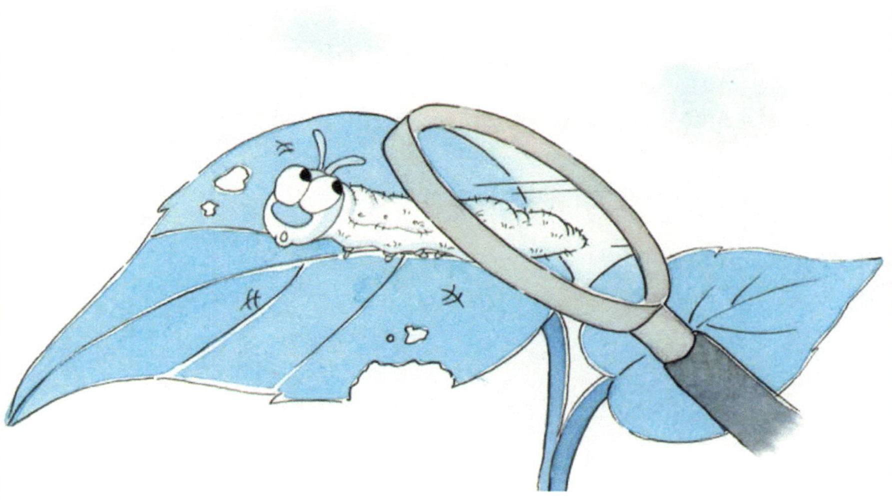

4. 관찰 기록문은 어떻게 쓸까요?

셋째, 한 가지만 자세하게 적습니다.

관찰한 내용 중에서 이것저것 여러 가지를 쓰지 말고 한 가지만 자세하게 적는 것이 좋습니다.

어린이 여러분이 관찰문을 쓸 때, 이것저것 관찰한 내용을 모두 적으려 합니다. 하지만 이것저것 쓰게 되면 관찰자가 무엇을 쓰려고 했는지 파악할 수가 없게 됩니다.

가장 좋은 방법은 관찰하기 전부터 무엇을 관찰할 것인지 그 내용을 뚜렷하게 정해 놓아야 합니다. 예를 들어 고양이를 관찰하려고 한다면 무작정 '고양이에 대해서'라고 하기보다는 '고양이의 습관에 대하여' 하는 식으로 자세하게 정해 놓고 쓰면 훨씬 자세하게 기록할 수 있을 것입니다.

다음 예문을 읽으며 확인해 보세요.

예문

손톱은 왜 있을까

　엄마가 이제부터는 손톱을 혼자 자르라고 하셨다. 그래서 손톱깎이로 손톱을 잘랐다. 그런데 잘 안 되었다. 오른손이 왼손가락을 자를 때는 잘 되었는데, 왼손이 오른손가락을 자를 때는 잘 안 되었다.

　그러다가 실수를 해서 손톱을 많이 잘라내고 말았다. 피가 났다. 엄지손가락을 다쳤는데 너무 불편하였다.

　손가락을 다치면서 나는 손톱이 우리 몸에서 하는 역할을 자연스럽게 알게 되었다.

　우선 손톱이 없으면 연필을 쥐고 글씨를 쓸 수 없다는 것을 알았다. 손톱이 살갗을 밀어 주어 힘을 받치게 해 주기 때문이다.

　손톱을 깎을 때도 손톱이 없으면 안 되었다. 손톱은 손으로 물건을 쥐거나 누르거나 하는 일에서 가장 중요한 역할을 하기 때문이다.

또 손은 많은 일을 하기 때문에 그냥 살갗이 그대로 노출되어 있으면 다칠 염려가 많지만 손톱이 가리고 있어서 그 위험을 막아 준다는 것도 알게 되었다.

엄마는 손톱은 뼈가 아니라 살갗이 딱딱하게 굳은 것이라고 말씀하셨다. 손가락 끝이 단단해야 일을 하기 편리하니까 그렇게 변한 것이라고 했다.

우리 몸에서 불필요한 것은 없다는 것을 새삼 느꼈다. 앞으로 살아가면서도 내 몸은 내가 가꾸고 소중히 다룰 줄 아는 마음을 가져야겠다.

예문

병아리는 어떻게 태어날까요?

　엄마가 시장에 가신 틈에 텔레비전을 틀어 보았습니다. 교육 방송에서 병아리에 대한 내용이 나오고 있었어요. 나는 병아리를 좋아합니다. 그래서 자세히 보게 되었죠.

　엄마 닭은 보통 10-15개의 알을 품습니다. 너무 많으면 골고루 따뜻한 열을 줄 수 없기 때문이래요. 알을 품고 있을 때 엄마 닭의 품은 굉장히 따뜻하다고 해요. 체온계로 엄마 닭의 체온을 재어보니 42도나 되었습니다. 엄마 닭은 그렇게 따뜻한 품으로 하루 종일 알을 품고 있었습니다.

　엄마 닭이 알이 있는 곳에서 나오는 경우는 먹이를 먹을 때뿐이었어요.

　3일째 되는 날 알의 노른자는 눈 같은 모양과 빨간

실핏줄이 많은 모습으로 변하였어요. 그리고 15일이 되자 눈이 생기고 다리가 생겼습니다.

21일이 되자 날개 부분이 확실하게 보였어요. 그리고 얼마 후에 병아리는 알을 깨는 이로 톡톡 껍질을 깨고 밖으로 나왔습니다.

너무도 귀엽고 예쁜 병아리였어요. 학교 앞에서 파는 병아리가 그렇게 태어난다는 것을 알고 너무 신기했어요.

병아리 한 마리도 엄마를 통해서만이 비로소 한 마리의 생명으로 바로 설 수 있다는 것을 느꼈습니다.

예문

매미의 생김새

선생님께서 곤충에 대해 관찰한 일기를 써 보라고 하셨다. 무엇을 쓸까 한참 동안 고민하였다. 마침 동생이 매미를 잡아왔다. 나는 잘 됐다고 생각하며 매미를 관찰하기 시작하였다.

먼저 매미의 몸을 재어 보았다. 2센티미터였다. 머리가 크고 겹눈은 툭 튀어나왔고 홑눈은 세 개인데 정수리에 붙어 있었다. 더듬이는 다섯 마디였고, 밑마디와 두 번째 마디는 조금 굵었다. 거기에서 앞쪽은 털처럼 가늘었다. 주둥이는 머리에서 시작하여 길쭉한 편이었다. 앞다리와 넓적다리 마디는 굵고 아랫가시가 있었다. 뒷다리의 밑마디는 움직이지 않았다.

발목마디는 세 마디였다. 앞가슴 등판과 가운뎃가슴 등판은 크고 넓으며 가운데가 높았다.

더 자세히 살펴보니 숫매미였다. 양쪽 안쪽으로 발음기가 있었던 것이다.

매미는 참 우스꽝스럽고 작은 곤충이었다. 그 웃기고 작은 몸에서 한여름을 울리는 큰 소리가 난다는 것이 신기했다. 또한 여름 한 철을 위해서 오랜 시간을 땅속에서 준비한다는 선생님 말씀을 듣고 매미를 재미 삼아 함부로 죽여서는 안 되겠다고 생각하게 되었다.

넷째, 관찰한 사실, 본 것, 들은 것, 느낀 것을 분명히 구분하여 써야 합니다.

관찰 기록문은 감상문이 아니기 때문에 자신만의 생각을 마치 실제로 확인해서 증명한 것처럼 써서는 안 됩니다.

모든 관찰 기록문은 객관적 관찰을 바탕으로 써야 하는 것입니다.

예문

싹트는 콩의 호흡 작용 실험

학교에서 콩의 호흡 작용 실험을 하기로 하였다. 나는 이틀 전부터 발아시킨 완두콩을 학교에 가져갔다.

우선 실험 병 속에 콩을 집어넣고 촛불을 집어넣었다. 그리고 뚜껑을 닫았다. 그랬더니 촛불이 꺼져 버렸다.

이번에는 콩을 플라스크 속에 넣고 수산화나트륨 용

액을 부은 컵을 그 곁에 놓았다. 그리고 파란 잉크를 푼 물에 유리관을 설치해 플라스크 속으로 연결시켰다. 그랬더니 파란 잉크를 푼 물이 플라스크 쪽으로 나아갔다.

선생님께서는 콩이 호흡을 할 때 플라스크 속에 있는 공기 중에서 산소를 쓰고 이산화탄소를 내뿜기 때문이라고 하셨다.

이산화탄소는 수산화나트륨에 녹아 들어간다는 것이다. 그래서 플라스크 속에 공기가 줄어 조금씩 진공 상태가 되기 때문에 파란 물이 빨려 들어간다고 했다.

이 실험으로 콩이 호흡할 때, 산소를 쓰고 이산화탄소를 내뿜는다는 것을 알 수 있었다.

예문

잎의 증산 작용

자연 시간에 식물은 뿌리에서 빨아 올린 물의 일부를 잎에서 수증기의 형태로 공기 중에 내보낸다는 것을 배웠다.

우리는 그 사실을 관찰을 통해 직접 확인해 보기로 하였다.

우선 플라스크 세 개를 준비했다. 봉숭아 밑둥을 자른 세 포기도 준비했다.

한 포기는 잎을 그대로 놔두고 다른 한 포기는 잎을 절반 정도 뜯어 내었다. 그리고 나머지 한 포기는 잎 전부를 뜯어 냈다. 그런 다음 그것을 플라스크에 꽂았다.

플라스크 맨 밑에는 물을 붓고 물 위에 기름을 부었다. 물의 증발을 막기 위해 플라스크에 솜 마개를 하였다.

우리는 시간을 두고 물이 줄어드는 모양을 관찰하였다.

그 결과 잎이 붙어 있는 것은 시간이 지남에 따라 물이 줄어들었지만, 잎을 절반 정도 놔둔 것은 잎 전부가 있는 봉숭아에 비해 물이 약간 덜 줄었다. 잎을 뗀 것은 물이 거의 줄지 않았다.

선생님 말씀으로는 잎이 있는 쪽의 물이 줄어든 이유는 잎을 통해서 수증기가 공기 중으로 나갔기 때문이라고 하셨다.

예문

식물이 광합성을 하는 데 빛이 필요할까?

 식물은 빛과 무슨 관련이 있을까. 그것이 궁금하였다. 빛이 없을 경우 식물은 양분을 만들어 낼 수 있는지 알고 싶었던 것이다.

그래서 요오드 녹말 반응 실험을 해 보았다.

어제 저녁 나는 잎 한쪽에 검은 필름을 대어 놓았다.

그리고 다음 날, 그 잎이 충분히 햇볕을 쬘 수 있도록 한 뒤에 잎을 땄다. 그리고 그것을 따뜻한 알코올 속에 넣었다.

잎은 하얀색으로 변하였다. 잎 속에 들어 있는 엽록소는 알코올 속에 녹는다는 것을 알 수 있었다.

하얗게 변한 잎을 요오드 액에 담가 보았다. 그러자 이번에는 햇볕을 쬔 부분만 보랏빛으로 변하였다. 요오드 액은 녹말과 만나면 보랏빛으로 변하는 성질이 있다는 것도 알았다.

그리고 햇볕을 쬔 부분만 광합성 작용을 하여 녹말이 만들어진다는 것도 알았다.

잎은 녹말이 만들어진 부분과 녹말이 안 만들어진 부분으로 나누어졌다.

실험 결과로 햇볕을 받은 잎에서는 광합성을 하여 녹말이 만들어지고, 햇볕을 받지 못한 잎에서는 녹말이 만들어지지 않는다는 것을 알았다.

앞의 글은 관찰한 사실과 들은 점, 느낀 점 등을 잘 구분하여 쓴 글입니다. 이렇듯 관찰 기록문에서는 글의 내용이 분명하도록 쓰는 것이 좋습니다.

다섯째, 관찰의 동기, 방법, 과정, 알아 낸 사실을 분명하게 나타냅니다.

다른 글과 마찬가지로 관찰 기록문도 글의 시작과 전개, 그리고 끝맺음이 완벽하게 연결되어야 합니다. 그리고 관찰을 하게 된 동기, 방법, 과정, 알아 낸 결과를 또렷하게 적습니다.

관찰한 동기와 방법은 글의 처음 부분에 적습니다. 또한 관찰하게 된 과정과 내용은 글의 가운데 부분에 적습니다.

그리고 관찰한 결과는 끝맺음 부분에 쓰면 됩니다.

예문

민들레

선생님께서 민들레꽃이 갈래꽃일까, 통꽃일까, 하는 질문을 하시고는 관찰을 해 오라고 하셨다.

학교가 끝나자 곧바로 들판으로 나가 민들레를 꺾었다. 그리고 자세히 살펴보았다.

나는 꽃잎 하나 하나를 자세히 관찰해 보았다. 민들레 꽃잎의 끝은 다섯 갈래로 나뉘어져 있었다. 하지만 밑부분은 붙어 있었다. 동물의 혀처럼 생겼기 때문에 혀꽃이라고 부른다는 것을 나중에 알았다.

암술은 한 개이고 수술은 다섯 개인데 꽃밥이 서로 엉겨서 암술을 둘러싸고 있었다. 암술머리는 둘로 갈라져 있었으며 꽃받침은 털로 변해 있었다.

이미 꽃이 진 것도 살펴보았다. 꽃잎이 떨어진 것은 씨앗과 연결된 갓털만 남았다. 갓털은 바람에 날리기 쉽도록 포가 뒤집혀져 있었다.

예문

흙

흙의 성질에 대해서 관찰할 필요를 느꼈다. 우리는 흙의 도움을 많이 받고 살면서도 그 성질에 대해서는 잘 모르고 있다는 생각 때문이었다.

우선 굵기가 서로 다른 체를 준비했다. 그리고 갖다 놓은 흙을 굵은 체, 약간 가는 체, 그리고 아주 가는 체로 각각 쳐 놓았다.

입이 긴 컵에 물을 가득 담은 뒤에 흙을 넣고 세게 저었다. 그리고 흙이 가라앉은 상태를 살펴보았다. 알갱이가 굵은 흙일수록 가는 것보다 빨리 가라앉았다. 그것으로 알갱이가 굵은 것일수록 무겁다는 것을 알 수 있었다.

예문

모래와 진흙의 물빠짐 상태

모래가 많은 흙과 적은 흙은 어떤 차이가 있을까. 그 차이를 실험하기로 하였다.

집에서 조금만 가면 논이 있기 때문에 진흙을 쉽게 구할 수 있었다. 공사장에 가서 모래를 한 주먹 갖고 왔다.

우선 밑이 없는 컵을 물이 빠질 수 있도록 망사천으로 감쌌다. 그리고 그 밑에 물을 받칠 그릇을 놓았다.

그런 다음에 한 개의 컵에는 모래를 담고, 다른 한 컵에는 진흙을 담았다.

그리고 먼저 모래가 담긴 컵에 물을 부어 보았다. 물이 아주 잘 빠졌다. 또 진흙이 담긴 컵에도 물을 부어 보았다. 물이 잘 빠지지 않았다.

논의 흙은 점토 성분이어서 물빠짐이 느리다는 것을

알 수 있었다. 또한 모래는 물빠짐이 좋아서 물이 아주 빠르게 흘러나왔다.

예문

모래와 진흙의 물 증발 상태

물빠짐 상태를 조사한 후에 다시 그 흙을 이용해 다른 실험을 해 보고 싶었다. 그래서 물이 증발하는 속도가 어떻게 다른가를 알아보기로 하였다.

우선 진흙과 모래를 따로 접시에 담아 햇볕에 내 놓았다.

그 실험은 금방 끝날 성질이 아니었기 때문에 방에 들어가 한참 있다가 나와 보았다.

나는 손가락으로 접시 위에 놓은 두 가지 흙을 눌러 보았다.

모래는 물이 많이 증발되어 손가락이 쉽게 들어갔다. 대신에 진흙은 물이 거의 그대로 있어서 손가락에 거의 묻어 났다.

그 관찰로 흙 알갱이의 크기나 모래와 점토 성분에

따라서 물이 마르는 상태가 매우 다르다는 것을 알 수 있었다.

5 견학 기록문은 어떻게 쓸까요?

견학 기록문은 어느 곳을 견학한 후에 본 것, 들은 것, 느낀 것 등을 시간의 흐름에 따라서 기록하는 글입니다.

어린이들은 견학 기록문과 기행문을 착각하는 경우가 많습니다. 하지만 이 둘은 분명히 다릅니다.

기행문이 느낌을 중심으로 쓰는 글이라면 견학 기록문은 눈으로 직접 본 사실과 들은 사실을 중심으로 쓰는 글입니다.

그러므로 견학 기록문에서는 글쓴이의 지나친 감상이나

주관적인 이야기가 너무 많이 들어가서는 안 되며, 문장이 되도록 간결해야 좋습니다. 그래야 글의 내용이 객관적일 수 있으니까요.

견학 기록문을 쓸 때, 써 주어야 할 내용은 다음과 같습니다.

첫째, 견학한 과정을 밝힙니다.
때와 장소, 견학한 차례 등이 분명해야 좋습니다.

둘째, 견학하는 중에 듣고 새로 알게 된 사실을 적습니다.
견학을 하다 새롭게 발견한 사실이나 들은 이야기를 나타내야 합니다.

셋째, 견학한 후의 감상을 적습니다.
새로 알게 된 사실에 대한 글쓴이의 생각이나 의견을 밝혀야 합니다.

견학 기록문의 형식으로는 첫째, 생활문 형식, 둘째, 편지 형식, 셋째, 일기 형식이 있습니다.

첫째, 생활문 형식의 기록문

이것은 우리가 자주 쓰는 기록문입니다. 견학한 차례대로 처음, 가운데, 끝부분으로 나누어서 쓰면 됩니다.
다음 예문을 잘 보세요.

예문

안동 하회 마을을 찾아서

지난 주말에 우리 반은 안동 하회 마을로 답사를 가게 되었다. 교과서에서도 종종 볼 수 있었던 유교 문화의 본고장이자 서애 유성룡으로 대표되는 곳. 떠나기 전부터 난 몹시 설레고 있었다.

아침 아홉 시에 우리는 동서울 시외 버스 터미널에서 만났다. 선생님과 아이들도 나처럼 설레었던지 무척 표정이 밝아 보였다.

버스를 타고 네 시간 삼십 분 정도 가니, 안동이 나왔다. 안동은 태백산맥과 소백산맥으로 둘러싸여 다른 고장에 비해 우리의 전통 문화가 비교적 잘 보존되고 있는 거라고 선생님께서는 설명해 주셨다.

안동에서 한 시간 정도 다시 버스를 타고 우린 하회 마을로 향하였다. 하회란 물이 돌아서 흐른다는 뜻이다. 하회 마을을 도착하자마자, 그 이름이 왜 붙여진 것인지 쉽게 알 수 있었다. 하회 마을은 정말로 강이 돌아서 흐르고 있었다.

우선 간단한 점심을 먹고, 우린 겸암 류운룡 선생이 살았다는 양진당을 먼저 찾았다. 충효당은 보물 제414호로 지정되어 있다.

축대를 쌓고 그 위에 집을 지어서인지 집 전체가 매우 당당하고 위엄스럽게 보였다. 이런 집에서 우리 선조들이 살았다고 생각하니 전혀 낯설지도 않았다.

하지만 뭐니뭐니 해도 하회 마을의 가장 유명한 전통 유물은 하회탈일 것이다. 약 오 백년 동안이나 전통이 깊은 하회 별신굿 탈놀이에 쓰이던 탈들인데 그 표정이

하나같이 재미있었다. 특히 양반탈과 초랭이탈이 기억에 남는다. 하회탈은 하회 마을 곳곳의 전시장에서 볼 수 있다.

　유명한 퇴계 이황이 학문을 쌓으며 제자를 양성했다는 도산서원도 찾았다. 지금의 대학에 비유할 수 있는 도산서원은 공부방, 강의실, 게다가 기숙사까지 갖추고 있었다. 조용하고 고즈넉한 풍경 속에서 공부했을 우리의 선비들. 왠지 그런 데서 공부를 하면 나도 잘 할 것 같다고 생각이 들 만큼 도산서원 내부는 아늑하고 쾌적했다.

　오후 4시쯤에 우린 서울로 오는 버스를 탔다. 피곤했는지 나를 포함하여 친구들과 선생님은 곧 잠이 들었다. 조금은 낯선 곳을 다녀왔지만, 안동 하회 마을에 남은 유교 문화나 선비 정신은 우리의 생활 속 구석구석에 여전히 흐르고 있다는 것을 알 수 있었다. 또한 우리가 지켜 나가야 할 우리의 유산이라는 것도 깨닫게 되었다.

둘째, 편지 형식의 기록문

이것은 견학한 사실을 누구에게 알리는 형식으로 씁니다. 자기 혼자만 알고 있는 것보다 다른 사람에게 자신의 견학 소감을 전하게 되면 그 감동이 훨씬 커지겠지요? 다음 예문을 참고하세요.

예문

한반도의 끝에서 본 일몰

승민이에게

승민아, 안녕. 이번 연휴 때 넌 뭘 하고 지냈니?

난 우리 외가댁인 해남을 갔다 왔어. 해남이라고 들어 봤니?

해남은 서울에서 여섯 시간이나 걸릴 정도로 멀단다. 하지만 한 번 정도는 꼭 가 볼 만한 곳이야.

우리 식구는 외가에 들르기 전에 우선 해남을 관광했

어. 그 중에서 대둔사라는 사찰이 기억에 남는구나. 대둔사에서 본 옥돌로 깎아 만든 불상의 아름다움은 정말 오래 기억에 남을 거야.

그리고 우리 식구는 다시 보길도라는 섬으로 갔어. 조선 시대 윤선도라는 시인이 여생을 보낸 곳이라고 하더라. 그래서인지 섬이 더욱 아름답게 보였어. 그 곳에는 예송리 해안이라는 곳이 있는데, 천연 기념물로 지정될 만큼 검고 푸른빛의 자갈과 해변 풍경은 한 폭의 그림과 같단다.

무엇보다 섬에서 본 일몰은 정말 장관이었다. 붉게 지는 수평선을 보면서 우리 식구들은 다 할 말을 잃을 정도였어.

승민아, 다음 방학 때 나랑 같이 우리 외가에 놀러 가지 않겠니? 너에게도 그 아름다운 풍경을 보여 주고 싶거든.

너도 감탄하고 말 거야.

그럼, 나중에 다시 얘기하자. 안녕

친구 진영 씀

셋째, 일기 형식의 기록문

이것은 며칠이나 그보다 더 오랫동안에 걸쳐서 견학했을 때 보고, 듣고, 느낀 점을 날짜별로 자세히 적는 방법입니다.

예문

엑스포 과학 공원을 찾아서

7월 30일, 금요일, 날씨 쨍쨍

이번 여름 방학 때, 2박 3일로 대전의 엑스포 과학 공원을 찾겠다고 아버지께서 말씀하셨다. 그 말을 듣고 얼마나 기뻤던지 나는 아버지 목에 매달려 환호성을 질렀다.

그래서 오늘, 드디어 우리 식구는 대전 엑스포 과학 공원으로 출발하였다.

날씨가 좀 덥긴 했지만 마음에 설레서 그런지 별로

 더위도 타지 않고 단숨에 대전으로 내려갔다.

 공원 안으로 들어갔다. 사진으로만 봤던 여러 전시물을 보고 두 눈이 휘둥그래졌다. 무엇부터 구경해야 할지 막막할 지경이었다.

 우리는 우선 엑스포 과학 공원의 상징인 한빛탑부터

찾았다. 높이가 93미터에 이른다는 한빛탑. 우리는 그 탑의 전망대에 올라 한눈에 보이는 엑스포 공원을 구경할 수 있었다.

우주 탐험관도 볼 만한 곳이다. 겉모습부터 우주 공간을 연상케 하는 우주 탐험관은 우주선 시뮬레이션 장치까지 마련하여 그것을 통해 가상의 우주선 여행을 경험하게 해 준다. 나는 동생과 탑승했는데 기분이 그만이었다.

자연 생명관도 기억에 남는다. 자연과 인간이 공존하는 자연계의 조화와 자연환경 보존에 대한 중요성도 일깨워 주었다. 자연과 생명의 아름다움, 자연과의 만남을 주제로 한 영상을 보면서 새삼 지구의 소중함, 자연과 생명의 신비함을 느꼈다.

더 구경을 하고 싶었지만 어느새 오후 다섯 시가 다 되어 우리 식구는 숙소로 갔다. 오면서 맛있는 저녁도 먹었다.

정말 꿈 같은 하루였다.

예문

7월 31일, 토요일, 해

아침부터 정말 더웠다. 하지만 더위 때문에 엑스포를 포기할 순 없지. 동생과 난 가까운 수영장에 가자는 부모님을 설득하여 다시 엑스포 과학 공원으로 향했다.

주말이어서 그런지 사람이 정말 많았다. 구경도 하기 전에 숨이 막힐 정도였다.

그나마 사람이 적은 지구관부터 찾았다. 하나뿐인 지구에 대한 사랑과 보호를 일깨워 주기 위하여 설립되었다는 지구관. 우주 탐험관이나 한빛탑처럼 재미있지는 않았지만 배울 점은 더 많았다. 하늘이 주신 위대한 별, 지구를 지키고 싶다는 생각도 했다.

테크노피아관은 타임머신을 타고 2천 년 이후의 테크노피아 도시로 날아가 미래의 생활 모습을 견학하는 곳이다. 전시물을 직접 작동할 수 있어 더 재미있었다.

더 구경하고 싶었지만 사람도 많고 날씨도 너무 더워서 점심도 먹을 겸 엑스포 공원을 나왔다.

예문

8월 1일, 월요일, 습기 참

오후에는 서울로 올라갈 예정이어서 에너지관과 정보통신관을 아침 일찍 찾아갔다.

에너지관은 우리가 써 온 에너지 역사와 그 절약 방법, 대체 에너지 개발 과정이 종합적으로 전시되어 있었다. 책에서만 들어 왔던 에너지 절약의 중요성이 저절로 수긍되었다.

정보통신관은 정보 통신의 중요성과 미래 사회의 정보 통신을 전람한 곳으로 특히 요즘 각광받는 정보 통신 분야의 여러 분야를 이해할 수 있는 좋은 기회였다.

정보통신관을 마지막으로 우리 식구는 엑스포 공원을 뒤로하고 서울로 출발했다.

2박 3일 동안 엑스포 과학 공원을 다 구경하진 못했지만 과학에 대한 관심은 더욱 많아진 것 같았다.

나도 미래에 어느 날, 엑스포 과학 공원에 내가 생각해 낸 설계로 전시관 하나를 만들고 싶다.

견학 기록문은 어떤 형식으로 쓰든 기록문의 짜임을 잊어서는 안 됩니다. 첫 부분은 견학한 목적과 동기를 적으며, 가운데 부분은 견학을 하면서 보고 듣고 느낀 점을 적습니다. 그리고 끝맺음 부분은 견학한 뒤의 전체적인 느낌이나 앞으로의 견학 계획을 적습니다.

　그렇다면 견학 기록문은 어떻게 쓸까요?

견학 기록문 쓰는 요령

첫째, 견학한 곳을 한눈에 알아볼 수 있도록 제목을 정확하게 붙입니다.

견학 기록문의 제목은 글쓴이의 느낌이나 생각으로 정할 수도 있고, 견학한 장소를 쉽게 밝힐 수 있도록 그 곳의 이름으로 제목을 삼는 경우도 있습니다.

다음과 같은 제목들이 가능합니다.

- 산업 일꾼들의 땀방울(현대 자동차 공장을 다녀와서)
- 아름다운 충무, 정다운 충무(충무를 다녀와서)
- 오죽헌을 다녀와서

첫 번째와 두 번째는 글쓴이의 생각이나 느낌으로 제목을 정한 경우이고, 세 번째의 것은 여행한 장소의 이름을 제목으로 삼은 경우입니다. 첫 번째와 두 번째처럼 느낌이나 생각으로 제목을 정할 경우에는 여행한 장소의 이름을 반드시 밝혀 둘 필요가 있습니다.

둘째, 글의 첫머리에는 견학을 떠나기 전의 과정을 써 둡니다.

글의 앞부분은 견학을 떠나기 전의 일이나 가는 도중에 있었던 일, 보고, 듣고, 느낀 점을 쓰기도 합니다.

그러나 무엇보다 목적을 분명히 밝히는 것이 중요합니다.

예문

불국사를 찾아서

대학에 다니는 이모와 함께 경주 불국사를 찾기로 했다. 미술을 전공하는 이모는 불국사의 건축미를 자세히 살펴보고, 나는 신라의 여러 문화재에 대하여 알아보기로 했다.

새벽 안개를 헤치며 동쪽 벌판 경주를 향해 고속 도로를 향했다. 부챗살처럼 퍼지는 햇살을 가슴으로 안으며 버스는 신나게 달렸다.

> "동방에서도 아침 햇살이 맨 먼저 닿는 땅!"
>
> 이것은 따뜻하고 아름다운 경주를 일컫는 말이다. 경주의 원래 이름은 새벌이었다. '새'는 '샛바람', 즉 동풍을 말할 때의 그 '새'와 같은 뜻이고, '벌'은 벌판을 뜻하니, '새벌'은 동쪽 벌판이라는 뜻이다. '서라벌'이라는 이름도 여기서 따온 것이라고 한다. 햇살이 가장 먼저 닿는 동쪽 벌판에서 신라의 문화는 눈부시도록 화려한 꽃을 피웠던 것이다.

셋째, 견학을 하면서 보고, 듣고, 느낀 점을 견학한 차례대로 쓰면 됩니다.

글의 가운데 부분에서는 견학을 하면서 보고, 듣고, 느낀 점을 견학한 차례대로 쓰면 됩니다.

중요한 점은 시간에 따라 견학한 내용을 적어야 한다는 것입니다.

견학 기록문에서 가장 중요한 부분은 견학의 목적 부분입니다. 또한 견학을 하면서 얻은 사진이나 그림, 또는 도표를 넣는 것도 좋습니다.

예문

　　토함산 자락에 자리잡은 불국사에 오르기 위해 불국사 주차장에 내렸다. 깨끗하게 다듬어진 한적한 길을 걷고 있자니 천 년 고도의 숨결이 느껴졌다. 길가에 오롯이 피어 있는 풀꽃 하나, 가녀린 나뭇가지의 흔들림까지 예사롭지 않게 보였다.

　　불국사 앞마당에는 선이 아름다운 노송이 여러 그루 서 있어 오랜 세월의 흐름을 짐작하게 했다. 불국사를 똑바로 바라보니 왼쪽에는 연화교와 칠보교가 있고, 오른쪽에는 청운교와 백운교가 보였다. 양쪽으로 나란히 위치하고 있어 어느 한 쪽으로 치우침 없는 안정감이 느껴졌다. 그러나 계단의 크기와 모양을 달리하여 좌우 대칭이 주는 단조로움을 피하고 있었다. 신라 사람들의 높은 예술적 감각을 읽을 수 있었다.

　　옛날에는 청운교 아래 연못이 있어 청운교 일부가 물속에 잠겨 있었다고 한다. 연못 속에 수려하게 핀 연꽃의 모습을 그려 보며, 아름답고 평화로웠을 통일 신라

사람들의 모습을 떠올렸다.

청운교와 백운교의 모습을 세밀하게 관찰하던 이모가 말하였다.

"샛별아, 이 무지개 모양으로 된 다리 밑으로 배가 다닐 수 있었단다. 큰 돌을 다루는 솜씨가 정말 놀랍지?"

청운교 아래에는 둥근 아치 모양으로 꾸며져 있어 운치를 더해 주고 있었다. 그 아래로 작은 배가 노닐었을 모습을 상상하니, 신선이 사는 세상이 따로 없으리라는 생각이 들었다.

대웅전 앞마당으로 들어서자, 그 유명한 다보탑과 삼층 석탑이 보였다.

"참 정교하게 만들었지?"

이모는 다보탑 주위를 돌며 연달아 셔터를 눌렀다. 그러나 낡은 돌조각에 푸른 이끼가 낀 모습을 보고 나는 적이 실망하고 말았다.

"샛별아, 이리 와서 좀 봐."

이모는 덤덤한 표정으로 다보탑을 바라보고 있는 나

에게 손짓했다.

"이것은 순백색 화강석으로 만들었어. 지금은 비록 푸른 이끼가 끼었지만……. 기단부 사방에 계단을 만들어 안정감과 예술적 감각을 높이고, 그 위 사방 모퉁이와 중앙에 돌기둥을 세웠어. 그리고 그 위에 갑석을 덮어 팔각 난간을 둘렀지."

이모의 설명을 듣고, 다보탑을 자세히 관찰해 보았다. 그제서야 팔각으로 된 연꽃 모양의 받침인 연화석과 옥개석의 우아한 모습이 눈에 들어왔다.

"문화재는 지금의 눈으로 보면 안 돼. 그것이 만들어진 시기와 상황 등을 고려하여 제대로 보는 눈을 길러야 한단다."

하고 이모가 말하였다.

다보탑 앞에서 사진을 찍고, 삼층 석탑 쪽으로 가 보았다. 오밀조밀하고 아기자기하게 꾸민 다보탑과는 달리 단조롭지만 웅장한 모습을 한 삼층 석탑은, 석가탑 또는 무영탑으로도 불린다.

이모가 무영탑에 얽힌 전설을 이야기해 주었다. 백제

의 석공 아사달을 그리워하다 연못 속에 몸을 던진 아사녀의 안타까운 이야기를 듣고, 나는 가슴이 아렸다. 슬픈 전설을 가슴에 품고 말없이 천 년을 서 있는 저 탑은 지금 무슨 생각을 하고 있을까?

넷째, 끝부분은 견학을 하고 난 뒤의 느낌을 적습니다.

예문

불국사를 등지고 걷는 길에는 저녁이 내리고 있었다. 종일 걸었는데도 피곤을 느낄 수 없는 것은 마음속에 담고 가는 신라 사람들의 아름다움에 대한 정열 때문일까?

경주에 대한 새로운 감동을 안고 돌아가는 차창 밖으로, 동쪽 벌판에 가장 먼저 닿았던 햇살이 손길을 거두고 있었다.

교과서에 나오는 모범 견학 기록문을 읽어 보도록 해요.

예문

광양 제철소를 찾아서

지난 일요일, 나는 제철소에 근무하시는 아저씨를 따라 광양 제철소에 다녀왔다.

아저씨는 제철소의 규모를 설명하시고 나서, 제일 먼저 용광로를 보여 주셨다. 용광로는 철을 만들기 위해서 철광석을 아주 높은 열로 녹여서 쇳물로 만드는 장치이다. 여기에서 만들어진 쇳물이 여러 공장을 거치는 동안, 요긴한 철강으로 만들어진다고 아저씨는 설명해 주셨다.

용광로에서 만든 쇳물은 쇳물 운반차에 실어 제강 공장으로 보낸다. 그 곳에서 쇳물을 커다란 통 속에 붓는데, 쇳물이 불꽃을 튀기며 통 속으로 쏟아지는 모습은

떡 인상적이었다. 그 공장은 용광로를 거쳐 나온 쇳물에 포함된 여러 불순물을 태워 없애, 더 좋은 품질의 강철로 만드는 곳이었다.

다음으로 간 곳은 연속 주조 공장이었다. 그 곳은 제강 공장에서 보내 온 강철로 슬래브라는 이름의 아주 두꺼운 철판을 만드는 곳이다.

슬래브는 마지막으로 열연 공장으로 보내진다. 빨갛게 달아오른 슬래브는 그 공장의 여러 기계 사이를 엄청나게 요란한 소리를 내면서 오갔다. 그 때 나는 열기가 대단했다. 온몸이 후끈거렸다. 그러면서 그 두꺼운 철판은 점점 얇고 길게 늘어났다. 그러더니 몇 분 뒤, 그 철판은 아주 얇은 열연 코일이 되어 두루마리 형태로 둥글고 길게 감겨 나왔다. 그 광경은 정말 감동적이었다.

바늘에서부터 인공 위성에 이르기까지 철이 들어가지 않는 것이 거의 없다는 말씀을 하시며, 아저씨는 자랑스러운 표정을 지으셨다. 공장을 견학한 뒤, 나의 마음은 아침의 설렘 대신 뿌듯함으로 가득 찼다.

예문

남극 세종 기지를 찾아서

 김포 국제 공항을 출발한 우리 남극 기지 취재단은 미국과 아르헨티나를 거쳐 칠레의 발파라이소라는 항구 도시에 무사히 도착했다. 초여름의 날씨인데도 안데스 산맥은 흰 눈으로 덮여 있어 온 몸이 서늘하게 느껴졌다. 이 곳에서 세종 기지까지는 뱃길로 열흘이나 걸린다고 한다. 이제 열흘 뒤, 한국의 미래를 짊어진 세종 기지 대원들을 만날 생각을 하니 가슴이 설레었다.

 길고 힘든 항해 끝에, 남극의 길목인 킹조지 섬의 바튼 반도에 다다랐다. 섬의 대부분은 얼음으로 덮여 있었다.

 "태극기다!"

 누군가가 먼저 소리쳤다. 내 눈에도 태극기가 보였다. 해안에서 얼마 떨어지지 않은 낮은 언덕에 주황색

건물이 보였고, 그 곳에서 우리의 태극기가 펄럭이고 있었다. 우리 모두 가슴이 뭉클하였다.

"여기가 바로 남극 세종 기지입니다."

우리는 마중 나온 기지 대원들과 서로 손을 잡으며 인사를 나눴다.

"남극 대륙은 자원의 보고입니다. 인류의 미래가 걸린 땅이기도 하지요. 이에 우리도 이 남극 대륙의 연구, 개발에 그 발판을 마련한 것입니다."

기지 대장이 자랑스러운 목소리로 우리에게 이야기했다.

우리는 기지 대장의 안내를 받으며 그 곳을 돌아보았다. 대부분의 건물은 기둥 위에 상자를 얹어 놓은 모양으로 지어져 있었다. 눈이 쌓이거나 물이 스며드는 것을 막기 위해서라고 한다. 건물 내부의 열을 보호하기 위해서 창을 작게 만들었고, 문도 이중문으로 만들어 놓았다.

기지 주변의 생물이나 환경 등에 대해 연구하는 연구동으로 갔다.

"이것은 각종 실험 기구들입니다. 바람의 방향과 속도 등도 컴퓨터로 기록하지요. 여기서는 이 곳의 생물, 해양, 기상에 관한 자료를 모아 본국으로 보내고 있습니다.

이러한 각종 실험 기구 외에, 통신 위성을 통해 서울과 직접 연락을 주고받을 수 있는 시설도 갖추고 있었다. 대원들은 한 달에 한 번 가족들과 통화하는데, 이 때가 가장 즐겁다고 한다.

대원들이 묵고 있는 숙소로 가 보았다. 방 하나를 대원 두 사람이 쓰고 있었다. 매우 깨끗하고 아늑했다. 휴식을 취하는 데에 불편함이 없을 것 같았다.

정비동으로 갔다. 고장난 어떤 기계도 고칠 수 있다는 이 곳은 차고와 조작실, 부품 창고로 나뉘어 있었다. 차고에는 눈 위에서 달릴 수 있는 설상차와 오토바이처럼 생긴 설상 스쿠터가 있었다. 이것들이 대원들의 발을 대신해 주고 있다고 한다. 바람이 몹시 심한 곳이라, 걸어다닐 수는 없겠다는 생각이 들었다.

다음으로 들른 곳은 전기를 일으키는 발전동이었다.

발전기 네 대도 추운 곳에서 열심히 일하는 대원들만큼이나 힘차게 돌고 있었다. 그 옆 동은 냉장 냉동고였다. 여기에는 십여 명의 대원들이 일년 동안 먹을 수 있는 식량이 들어 있다고 한다. 또 위층에는 대원들의 위생과 건강을 지켜 주는 목욕실, 세탁실, 운동 기구들

이 있었다.

그 밖에 기지의 본부인 본관과, 여름에만 잠깐 왔다 가는 대원들을 위한 연구동이 하나 더 있었다. 그리고 지진을 알아 내는 지진따 관측소와 지구의 자력을 조사하여 기록하는 지자기 관측소가 기지에서 100미터 정도 떨어진 곳에 설치되어 있었다.

세종 기지에는 쓰레기 소각 시설과 사용한 물을 깨끗하게 정수시켜 내보는 장치도 있었다. 남극의 깨끗한 환경을 오염시키지 않기 위하여 만든 시설이라고 한다. 이는 외국 기지에서는 찾아보기 힘든 시설이었다. 여러 가지 어려운 조건 속에서 이런 시설까지 마련한 것을 보면, 그 준비가 얼마나 철저했는지 짐작할 수 있었다.

기지 대장의 설명은 계속되었다.

"어느 나라의 땅도 아닌 남극은 그 특유한 자연 환경과 지구 전체에 끼치는 영향 때문에 연구할 가치가 높은 대륙입니다. 그래서 세계 각국은 남극 대륙에 기지를 세우기 위해 노력하고 있지요. 지금까지 이 곳에 기지를 세운 나라는 20개국도 되지 않습니다."

세계에서 남극 대륙에 기지를 가지고 있는 나라가 20개국도 되지 않는데, 그 중의 하나가 우리 나라라는 사실이 나는 무척 자랑스러웠다.
　이튿날에는 근처에 있는 칠레와 러시아, 중국 기지를 찾아 나섰다. 하얀 벌판 위에 학교, 방송국, 비행장까

지 갖춘 칠레 기지는 그 규모가 꽤 컸다. 이 곳에서는 기상에 대해 연구도 하고 예보도 한다고 한다. 러시아 기지는 자기 나라 해상 교통의 중심지 구실을 한다고 하며, 중국 기지는 해양 생물에 대해 연구하고 있다고 했다.

다음날, 배를 타고 섬 주변을 둘러보았다. 여름인데도 섬은 거의 얼음으로 덮여 있었다. 해안선에는 바다표범, 물개, 펭귄이 가득하여 마치 검은 물결이 일렁이는 것 같았다. 킹조지 섬은 남극에서는 비교적 기후 조건이 좋아 '남극의 낙원'이라 불린다고 한다.

지구상에서 가장 깨끗한 미래의 땅 남극 대륙!

이제 우리도 미지의 세계 남극으로 눈길을 돌려 인류의 미래를 개척하는 데 앞장서야 할 때가 되었다.

짧은 기간이었지만 기지 대원들과 정이 흠뻑 들었다. 우리는 굳은 악수를 나누며 이별을 아쉬워했다. 떠나오는 배 위에서 바라보니, 세종 기지의 태극기가 더욱 힘차게 휘날리고 있었다.

그럼 이번에는 교과서에 나오는 회의 기록문을 읽어보도록 할까요?

예문

야구장에서 생긴 일

사회자: 다음 일은 우리 반 친구 영호에게 생긴 일입니다. 이 일에 대하여 서로 의견을 나누어 봅시다.

나는 지난 토요일, 아버지와 함께 야구장에 갔다. 야구장 앞에는 많은 사람들이 줄을 서서 기다리고 있었다. 아버지와 나도 줄을 서서 차례를 기다렸다. 한 시간 정도 지났는데도 표를 사지 못했다. 그래서 아버지께 야구 관람을 포기하고 그냥 돌아가자고 했다. 그러나 아버지께서는,

"모처럼 시간을 내서 여기까지 왔는데 그냥 돌아갈

수 있니?"

하시는 것이었다.

드디어 표를 사서 우리는 야구장 안으로 들어갔다. 하늘에는 커다란 풍선이 떠 있었고, 많은 사람들이 질서 있게 앉아서 경기가 시작되기만을 기다리고 있었다. 전광판은 각 팀 선수들의 이름과 경기장 구석구석의 모습을 보여 주고 있었다.

내가 좋아하는 팀을 응원하기 위해 아버지와 나는 3루측 관람석에 앉았다. 그날따라 경기는 역전에 역전을 거듭해 매우 흥미진진하였다. 내가 좋아하는 팀에서 가장 잘 치는 선수가 타석에 들어서자, 3루측 관중들은 일제히 환호성을 질렀다.

나는 지난 경기에서 그 선수가 홈런을 친 이야기를 아버지께 신나게 하고 있었다. 그 순간, '떡' 하는 소리와 함께 눈에서 불이 번쩍했다. 그 타자가 친 공이 파울 볼이 되면서 내 눈에 맞은 것이다. 나는 너무 아파서 어쩔 줄을 몰랐다. 그 때, 옆에 계시던 아주머니께서,

5. 견학 기록문은 어떻게 쓸까요?

"어머, 많이 다쳤나 봐요! 어서 병원으로 데리고 가요."

하고 말하는 소리가 조그맣게 들렸다.

아버지께서는 나를 업고 가까운 병원으로 달려가셨다. 내 눈을 찬찬히 살펴보신 의사 선생님께서는 아버지께,

"다행입니다. 큰 부상은 아닙니다. 시력에는 아무 이상이 없을 것 같군요. 그렇지만 며칠 치료를 받아야겠습니다."

하시는 것이었다.

그 뒤 나는 여러 날 동안 병원에 다녀야만 했다. 병원에 치료를 받으러 다니는 동안, 주변 친척들은 손해 배상을 청구해야 한다고 하셨다. 그런데 어디에다 손해 배상을 청구해야 하느냐가 문제였다.

사회자: 영호는 누구에게 손해 배상을 청구해야 할지 우리 모두 의견을 나누어 봅시다.

동엽: 저도 언젠가 형과 함께 야구장에 간 적이 있습

니다. 그 날 우연히, 입장권의 뒤에 씌어 있는 글을 읽어 보았습니다. 거기에는 아주 작은 글씨로 "파울 볼로 말미암아 일어난 사고에 대해서는 구단이 책임을 지지 않는다."라고 씌어 있었습니다. 그러니까 관람객들에게 경기 도중 일어날 수 있는 사고에 대해 구단이 책임을 지지 않는다는 것을 미리 알려 준 것입니다. 그러므로 이번과 같은 사고가 생겼을 때, 구단은 아무 책임을 지지 않아도 된다고 생각합니다. 특히, 이번 경우에는 파울 볼을 피하지 않고 한눈을 판 영호에게도 잘못이 있으니까 영호는 손해 배상을 받을 수 없다고 생각합니다.

해주: 저는 그렇게 생각하지 않습니다. 그와 같은 사고에 대하여 구단에게 아무런 책임이 없다고는 말할 수 없습니다. 왜냐하면, 빠른 속도로 날아가는 야구공에 관람하는 사람이 맞으면 다칠 수 있다는 것은 누구나 예상할 수 있기 때문입니다. 따라서, 경기를 주관하는 구단에서는 파울 볼로 말미암아 사람이 다치지 않도록 방호 시설을 설치해야 할 의무가 있다고 생각합니다.

그러므로 방호 시설을 설치하지 않은 구단에서 손해 배상을 해 주어야 한다고 생각합니다.

혜련: 물론, 관람객을 방호하는 시설을 하지 않은 구단에게도 책임이 있지만, 제 생각에는 파울 볼을 친 것은 타자이므로 그 타자가 손해 배상을 해야 한다고 생각합니다.

선아: 저는 그렇게 생각하지 않습니다. 파울 볼에 관중이 맞아 다쳤을 때, 그것을 타자의 잘못이라고 한다면, 타자는 공을 마음껏 칠 수 없을 것입니다. 그렇게 되면 야구 경기가 재미 없어질 뿐만 아니라, 타자는 구단의 승리를 위해 있는 힘을 모두 발휘하지 않을 것입니다. 파울 볼을 친 타자와 부상을 당한 관람객 모두에게 잘못이 있으므로 타자는 치료비의 반만 부담하면 된다고 생각합니다.

용우: 프로 야구가 날로 인기를 더해 가고 있으므로 이런 사고는 흔히 일어날 수 있습니다. 날아온 공에 맞는 사고도 있겠지만, 때로는 파울 볼을 잡으려고 관람객이 서로 밀고 당기다 생기는 사고도 있을 것입니다.

그러므로 타자가 친 파울 볼에 맞는 경우뿐만 아니라, 야구장에서 생기는 모든 사고에 대하여 생각해 보는 것이 좋겠습니다.

찬우: 네, 용우의 말이 맞습니다. 프로 야구로 말미암아 이익을 가장 많이 보는 쪽은 구단이므로 구단은 관람객을 보호할 의무가 있습니다. 그러므로 경기 도중에 생긴 이번 사고는 구단이 책임을 져야 합니다.

은희: 야구 경기를 관람하다 보면 파울 볼이 관중석으로 날아가는 것을 자주 볼 수 있습니다. 그런데 사고가 날 때마다 구단에서 배상을 해야 한다면, 구단은 너무 힘들 것 같습니다. 그래서 제 생각에는 다친 사람의 부상 정도에 따라 다친 사람이 스스로 해결하기도 하고, 구단에서 책임을 지기도 하는 것이 좋을 것 같습니다. 이번 사고는 아주 가벼운 것이므로, 다친 사람 스스로 해결하는 것이 좋다고 생각합니다.

동수: 저의 의견도 은희와 같습니다. 날아오는 공은 조금만 조심하면 얼마든지 피할 수 있습니다. 영호의 경우는 본인이 한눈을 팔다가 생긴 일이므로 다른 사람

에게 손해 배상을 청구할 수 없다고 생각합니다.

주희: 저는 앞의 의견과 다른 생각을 말하고자 합니다. 구단은 야구장 시설을 빌려서 경기를 하므로 구단이나 야구 선수에게는 잘못을 물을 수 없고, 야구장을 관리하는 단체에 손해 배상을 청구해야 한다고 생각합니다. 시설물을 관리, 유지하면서 방호 시설을 설치하

지 않은 것은 관리자의 잘못이라는 생각이 들기 때문입니다.

영주: 저의 의견도 주희와 같습니다. 관람객이나 선수나 구단은 아무 책임이 없다고 생각합니다. 방호 시설을 갖추어야 할 책임은 야구장을 관리하는 단체에 있습니다. 그러므로 야구장을 관리하는 단체에서 손해 배상을 해야 합니다.

사회자: 지금까지 나온 의견을 정리해 보겠습니다. 우선 영호가 손해 배상을 받을 수 없다는 의견과 받을 수 있다는 의견으로 나누어 볼 수 있습니다. 손해 배상을 받을 수 없다는 주장의 근거는 관람객이 한눈을 팔아 사고가 일어났다는 것입니다. 손해 배상을 받을 수 있다는 주장은 세 가지로 나눌 수 있습니다. 손해 배상을 구단에게 청구하는 경우, 타자에게 청구하는 경우, 야구장을 관리하는 단체에 청구하는 경우입니다. 이 중에서 어느 의견이 가장 타당한지 조금 더 토의해 봅시다.

예문

알뜰 바자회로 번 돈을 어떻게 쓰면 좋을까

선생님: 여러분, 반가운 소식이 있습니다. 지난 주에 우리가 열었던 알뜰 바자회에서 10만 원이 넘는 큰 수익이 생겼습니다. 여러분 수고하였습니다. 그런데 그 돈을 어떻게 쓰는 것이 좋을지 각자 자기의 생각을 이야기해 봅시다.

현준: 선생님, 나는 우리 모두가 참여하였으니까 그 돈으로 책을 사서 학급 문고를 만들면 좋겠다고 생각합니다.

지원: 저는 그렇게 생각하지 않습니다. 학급 문고를 만드는 것도 좋겠지만, 그 돈을 나누어 가장 사고 싶은 것을 사도록 하는 것이 좋겠다고 생각합니다.

지예: 지원이의 의견도 좋지만, 그렇게 하는 것보다

우리 반의 환경 미화를 하는 데 그 돈을 조금씩 사용한다면, 모두에게 혜택이 돌아갈 것 같습니다.

현지: 환경 미화를 하는 데 그렇게 많은 돈이 필요한 것도 아니고, 환경 미화는 지금 준비되어 있는 정도만 해도 충분하다고 생각합니다. 그래서 제 생각에는, 양로원을 방문하여 외롭게 생활하시는 할아버지·할머니

5. 견학 기록문은 어떻게 쓸까요? · 125

께 맛있는 것도 사 드리고, 어깨도 주물러 드리면서, 이야기 상대가 되어 드리는 것이 좋을 것 같습니다.

원교: 양로원을 방문하는 것도 좋지만, 우리의 가까운 이웃을 먼저 돕는 것이 우선이라고 생각합니다. 우리 반 친구 중에도 가정 형편이 어려운 친구가 있습니다. 그 친구를 도와 주는 것이 어떻겠습니까?

찬우: 여러분의 의견도 모두 좋습니다만, 저의 생각은 다릅니다. 우리들은 가끔 학습에 필요한 준비물을 잊어버리고 오는 경우가 있습니다. 그 때를 위하여 각종 학용품을 미리 구입해 두었다가, 필요할 때 꺼내 쓰면 편리할 것 같습니다. 그래서 저는 학습에 필요한 자료를 구입하면 좋겠습니다.

지희: 여러분, 우리 그 돈을 가지고 단체로 야구 경기를 관람하는 것이 어떻겠습니까?

선생님: 네, 모든 어린이들이 참 좋은 의견을 말했어요. 그럼 토의를 통해 가장 좋은 의견을 정했으면 좋겠어요. 가장 좋다고 생각하는 의견을 자유롭게 말하고, 왜 그렇게 생각하는지도 말해 봅시다.

【에필로그】

책을 왜 읽어야 할까요?

손에서 핸드폰을 놓지 못하는 요즘 아이들이 책을 읽어야 할 이유는 분명하다. 영상이 넘치는 시대에 왜 글읽기를 해야 하느냐고 묻는다면, 이 진부한 질문의 시작이 참신함의 역행이 필요한 요즘이다. 정보의 양이 쏟아지는 디지털 시대에 정보 양을 많이 습득할수록 어느 정도의 지식수준과 문해력을 갖췄다는 착각의 상태에 빠진다. 그러나 정보를 얻는 것과 독서를 하는 행위는 전혀 별개의 차원이다. 독서는 텍스트의 뜻을 헤아리고 행간행간 마다 연결되는 의미를 풀어가는 고차원의 인지행위다. 나의 관점에서 생각하고 의미를 재구성하는, 매우 적극적이고 미래지향적인 인지활동인 것이다. 오늘날 중요한 이슈로 부각되는 가짜뉴스, 사회적 문제, 가상과 현재가 뒤섞이는 현실에서 독서는 가치판단이나 사실과 허위를 구분하는 당위성이 만들어진다는 것에 매우 중요한 도구다. 다양한 디지털 매체의 증가로 오히려 집중력이 떨어진다. 주의를 빼앗기면 집중력이 떨어지고 한 곳에 몰입하는 현상이 나타난다. 이런 집중하지 못하여 사고의 깊이가 소멸되는 현상이 발생할 가능성이 크다. 인간이 인공지능이나 기술문명에만 의존하면 지식의 노예가 될 수 있듯이 말이다. 영상 길이가 1분이 넘지 않는 댄스 챌린지 영상을 보고 있으면, 시간이 가는 줄 모르고 손에서 핸드폰을 놓지 못한다. 1.5배나 2배속으로 빨리 돌려보는 동영상은 어떨까. 그럴수록 우리의 집중력은 퇴화되는 게 아닌가 싶다. 갈수록 집중력은 떨어지고 정보의 습득은 가벼운 정보전달에 불과하여 깊이 읽는 사고의 문맹률은 계속 늘어날 것이다. 슬픈 현실에서 우리가 알아야 할 것은 집중력을 되찾는 것이다. 방법은 한 가지다. 책을 읽는 것이다. 독서가 가진 긍정적이고 실용가능성의 효용성은 빌게이츠, 스티브잡스, 일론머스크, 워런 버핏 등 성공한 인물들의 예로 알 수 있다. 독서의 지속 가능성은 항상 열려 있었다. 움베르트 에코는 "책 읽지 않는 사람은 단지 자신의 삶만 살아가고 또 앞으로 그럴 테지만, 책 읽는 사람은 아주 많은 삶을 살 수 있다"라고 했다. 인지 신경학자인 메리언 울프에 따르면 인간은 '읽는 유전자'를 가지고 있지 않았다고 한다. 선천적으로 타고난 것이 아니라 후천적으로 꾸준히 훈련하여 습관을 만들어 읽는 능력을 키워 나가야 한다. 읽어야 성장할 수 있고 지속 가능하게 나아갈 수 있다. 읽는 사람은 읽지 않는 사람에 비해 뇌의 가소성은 증가한다. 깊이 오래 읽을 때 뇌 가소성은 더욱 발달한다. 메리언 울프는 뛰어난 독서가의 뇌는 문서의 빠른 해석을 가능하게 하는 특정 부분이 발달한다고 말했다. 특정 부분이란 오래되고 지속적인 깊은 독서로 나아가는 행위다. 그 행위가 독서의 중요한 역할이다. 책을 읽으면 뇌가 활성화되면서 처음에는 책을 읽는 것이 어렵지만 우리 뇌는 습관화되면 독서도 쉽게 읽는 방향을 그린다. 뇌의 가소성(可塑性, neural plasticity) 덕분에 뇌는 자주 경험하는 일을 신경 회로를 변형시켜 더 쉽고 빠르게 처리해 낸다. 이를 통해 책을 읽는 행위가 자연스럽게 다가온다.

책 읽는 뇌를 만들어가는 것은 지속가능한 독서의 시작이다. 전략적인 독서로 이어가다 보면 자연스러운 독서습관이 만들어지고 나아가 독서는 일상이 된다. 일상의 독서는 후천적인 노력, 즉 습관과 마음가짐이다. 좋은 독서환경을 만들어가는 것도 독서의 지속가능성이다. 필요 이상으로 우리의 책 읽기는 디지털 시대에 절실하게 요구되는 생존 도구임에 틀림없다. 디지털 시대에 스스로 자각하고 통찰하는 사람만이 살아남을 것이다. 독서가 인류의 생존 조건으로 다시 주목받고 있는 이유다.

▣ 저자 김종윤 약력

전라북도 남원시 대산면에서 태어나 한국외국어대학교 법학과를 졸업하였다.
1993년 월간 『시와 비평』으로 등단하여
장편소설 『어머니는 누구일까』, 『아버지는 누구일까』,
『날마다 이혼을 꿈꾸는 여자』, 『어머니의 일생』 등이 있으며,
옴니버스식 창작동화 『가족동화 10편, 가족이란 누구일까요?』가 있다.
그리고 『문장작법과 토론의 기술』, 『어린이 문장강화(전13권)』이 있다.

나의 첫 질문 **국어공부 어떻게 해야 할까요?**
제10권 : 어린이 문장강화 **관찰기록문** 편

초판 1쇄 인쇄일 : 2025년 5월 31일
초판 1쇄 발행일 : 2025년 6월 3일

지은이 : 김종윤
발행인 : 김종윤
펴낸곳 : 주식회사 **자유지성사**
등록번호 : 제 2-1173호
등록일자 : 1991년 5월 18일

서울특별시 송파구 위례성대로 8길 58, 202호
전화 : 02) 333-9535 / 팩스 : 02) 6280-9535
E-mail : fibook@naver.com
ISBN : 978-89-7997-452-2 (73800)

이 책은 저작권법에 따라 보호받는 저작물이므로 무단전재와 복제를 금합니다.